人間関係のストライクゾーンが広がる

苦手な人と上手につきあう技術

伊庭正康

ONE PUBLISHING

はじめに　――人へのキャパシティを広げる大切さ

「会うのがしんどい」、そう思う人はいませんか。

私が営業をしていた時、本当に色々なお客様にお会いしました。

訪問営業した回数は、４万回を超えます。

今だから白状しますが、「コイツだけは、許せない」と、心の底から腹の立つお客様がいたのも事実。

中には、虫けらを払うようなジェスチャーで、「忙しい！」と私を追い払う人もいました。

でも、こちらも営業ですので、関係を切るわけにはいきません。

「顔を見るのも嫌だな……」と思いながらも、翌日も笑顔で「こんにちは」と、愛想よく訪問するわけです。

いやいやながら訪問する中で、あることに気づいたのです。

「自分は、コイツのことが大嫌いである。

とはいえ、コイツにも友人がいるだろうし、家族もいるはず。

ひょっとしたら、自分が見ているのは、コイツのひとつの側面ではないか」と。

でも、そうは思っても、何をどうすればいいのかは、わかりません。

とにかく、辛抱してニコニコと訪問する、そんなことしかできませんでした。

虫けらのように追い払われながら、自分の中のストレスをごまかすような日々を過ごしていました。


そんな時でした。

会社の研修で「ソーシャルスタイル理論」を学ぶ機会があったのです。

ひと言で言うと、驚愕でした。

私は、この理論で救われたといっても過言ではありません。


「え、そうなの⁉　虫けらのように追い払うあの人たちは、これが理由だったのか。

じゃ、悪いのは相手のせいじゃない……、タイプの違いということか……」

まさに、私の人生を変えてくれる出来事だったのです。

ほかに、こんなお客様もいました。

私が明るく元気な挨拶をすると、ボソッとこう言うのです。

「ウチの会社にはそんな元気さはいらないですよ……、かえって邪魔かも」と。

ソーシャルスタイル理論を学ぶ前は、「やりにくいな……」と思ったものです。

でも、学んだ後は、「そりゃそうだよな。あのタイプだしな」と想像できるようになりました。


つまり、それまでの自分は、「自分が理解できる範囲」で人を判断していたということ。これだと、自分の物差しでしか測れないので、人に対する許容度（キャパシティ）が狭くなって当然です。

もし、あなたが、「苦手だな……」と思う人がいれば、この本で紹介するソーシャルスタイルをベースにアレンジした「相性マトリクス」で、相手のタイプを診断してみてください。私がそうであったように、きっとその人に対する見方が変わるはずです。

さて、そもそも、どうして「苦手な人」が現れるのでしょう。

おそらく、過去にも「苦手な人」はいませんでしたか？

学生時代、前の職場、そして今の職場。

または、仕事だけでなく、友人、家族、親戚の中にもいませんでしたか？

さきほど、私はこう言いました。

「コイツだけは、許せない」と、心の底から腹の立つお客様がいた、と。

これは、私自身の問題。原因は私なのです。

私自身に「べき思考」という、評価のクセがあったからです。

「べき思考」とは、「ふつうは、こうあるべきでしょ」と自分の基準で判断するクセのこと。イライラしやすいのが特徴です。

私自身を振り返って思い当たることは多いです。

学生時代は教授に対して、営業時代はお客様に対して、管理職時代は部下に対してと……。どれも、ほぼ同じパターンです。

これは、他人事ではありません。あなたも一緒です。

実は、誰にも、そのような「評価のクセ」があります。
たとえば、虫けらのように追い払われたら、人によって思うことは異なります。
「自分は否定されたのか、つらいな……」と落ち込む人もいますし、
「全員に好かれないといけない！」と、無理して頑張る人もいるでしょう。
「ありえない。絶対に営業をなめている！」と深読みする人もいます。
これらもすべて、評価のクセの違いです。

まずは、自分の評価のクセを把握しておくことが、人間関係のキャパシティを広げるための条件になります。

この評価のクセは「ストレスコーピング理論」で学習する内容なのですが、この本では、人間関係のキャパシティを広げることを目的に実践法を紹介します。

申し遅れました。
私は、企業研修の事業を営む、株式会社らしさラボの伊庭正康《いばまさやす》と申します。
私は年間２００回の研修に講師として登壇する中で感じることがあります。

それは、職場で起こっている問題のほとんどがコミュニケーションを避けていることに起因している、と。

「きっと、そうだ……」「たぶん、そうにちがいない……」

毎日のようにそんな会話を耳にしてしまいます。

とはいえ、会話をすればいいのか、というと、そんな単純なものでもありません。**「相手を理解」するスキル、自分の「評価のクセ」を把握するスキルがないと、なかなかフラットな会話はできないものです。**

私は、「ソーシャルスタイル研修」、「ストレスコーピング研修」を提供する中で確信していることがあります。

このふたつのスキルを実践すれば、ほとんどの人間関係の誤解は解消できるということです。

この本では、これらの理論を活用する方法を余すことなく紹介していきます。

私がそうであったように、きっとあなたの人生を変えるきっかけとなる、と確信しています。では、参りましょう！

もくじ

第1章 「苦手な人」の正体とは？

第2章

誰にでもいる「苦手な人」って、こんなタイプ？

第3章

苦手な気持ち、どうしたら減らせる？

第4章

苦手な人とは争わない

第5章 人間関係のストライクゾーンの広げ方

●出版プロデュース
中野健彦（ブックリンケージ）
●編集協力
小西洋一（春燈社）
●カバーデザイン
小口翔平＋後藤 司＋稲吉宏紀（tobufune）
●カバーイラスト
山内庸資
●本文デザイン・DTP
村岡志津加（Studio Zucca）
●校正
植嶋朝子

第1章

「苦手な人」の正体とは？

～なぜ、あの人が苦手なのか～

世界は「苦手な人」であふれている

□苦手の正体を暴く

あなたのまわりに、「苦手な人」はいませんか?

白状すると、私にもいます。いや、いない人はいないでしょう。

ほとんどの人は、「この上司、苦手だなあ」「あの人には、ストレスを感じる」という相手がいるのではないでしょうか。


しかし、その「苦手な人」は、すべての人にとって「苦手な人」とはかぎりません。

あなたにとって「苦手な人」であっても、なぜかほかの人から見ると問題なさそうな場合もあるものです。

では、「苦手の正体」って、いったい何なのでしょう。

答えを先に言いますね。

苦手の原因は、「相手」にあるのではなく、自身の「評価」でしかない、ということ。

私は、子どもの頃、音楽の授業が大の嫌いでした。

この世の中から、音楽なんてなくなれ！　と思ったものです。

でも、友人は、私の大嫌いな音楽が好きだと言うのです。

それは、人の「苦手」も一緒。

「音楽が悪い」、のではないですよね。

私が、リクルートグループで求人広告の営業マンをしていた時のこと。

ある企業を担当していたのですが、顧客であるその企業の社長が恐かったのです。

口を開けば、ダメ出しをされる、そんな感じだったからです。

いつも伺う事務所の本棚には、たくさんのビジネス書が並んでいました。

なんとか、振り絞るように会話をするのですが、毎回、玉砕するのです。

「社長、たくさんの本を読んでいらっしゃるのですね」

「そりゃそうだよ。このランチェスター戦略の本は読んだのかね？」

「いえ、読んだことがございません」

「そりゃ、勉強不足だな。最近のリクルートの営業は、そんなもんか……」


これだけではなく、ノベルティを進呈する際に、

「つまらないものですが、どうぞ」と言うと、

「つまらないものを持ってくるな」と返ってくる、そんな事の繰り返しでした。

社長は、こうつけ加えます。

「言葉の選択が間違っている。〝些細なものでございますが〟だろ？」と。


その時は、訪問するのが嫌で嫌で仕方なかったのですが、その社長に食らいつこうとしたことがきっかけで、多くのことを学べたもの事実。

今となっては、感謝でしかなく、お礼を伝えたい気持ちでいっぱいなのです。しかしあれから20年以上が経っており、その会社をネットで検索したのですが、残念ながら、見つけることができませんでした。

まず、こう考えてください。

たとえ、あなたの前に苦手な人がいても、見方を変えると、違った評価になる可能性がある、ということ。

もちろん、頭ではわかっていても、それが難しいことは百も承知です。

そのためこの本では、具体的な方法を余すことなく、紹介していきます。

POINT

「苦手」の正体は、自分の勝手な「評価」である

あなたのことを「苦手」と思っている人もいる

□必ず「苦手な人」は出現する

あなたに苦手な人がいるように、あなたのことを苦手と思っている人がいる、そんなことを想像したことはありますか？

「私は、嫌われていない」と思いたいですが、なかなかそうはいかないようです。

アメリカの臨床心理学者で、カウンセリングの大家であるカール・ロジャーズ氏の「2：7：1の法則」というものがあります。

これは、どこの職場やコミュニティであっても、自分の考え方や行動について、一定の比率で「賛成してくれる人」、「反対する人」、「どちらでもない人」に分かれるというものです。

・2割は無条件で賛成してくれる肯定的な人
・7割はその時その時で変わるどちらでもない人
・1割は何をしても自分のことを嫌ったり気が合わないと感じる人

つまり、どこに行こうと、必ず1割は「苦手な人」がいるということです。

逆にいえば、あなたのことを「苦手」と思っている人もいる、そう考えた方が自然でしょう。

私も「苦手」と思われた経験があります。

でも、やはり思うことは、その人の評価の問題でしかない、ということです。

「マネジメントが細かいので、しんどい」と部下から言われたこともありますし、時を同じくして、それとは逆に「マネジメントが緩い」と言われたこともあります。

そう考えると、私がどう変わろうとも、一定の割合で相性が合わない人はいるということが理解できます。

でも、「私のことは嫌わないで欲しい」と思いたくなりますよね。

ところが、それは、「犬」に「ワン」と吠えるな、と言うほどに難しいことのようなのです。

□「嫌い」は生きていくための本能だった

そもそも「嫌い」は、なぜ起きるのでしょうか。

「嫌い」という感情は人が生きていく上で大変重要な機能だといわれています。

人の感情を作り出す場所は、脳にあるアーモンドのような形をした「扁桃体」。

この「扁桃体」の作用で、とっさに「嫌い」と思えるようになっています。

たとえばですが、目の前に熊が現れたとすると、「やばい！」ととっさに思いますよね。その間、わずか0・04秒。

扁桃体が興奮し、「やばいぞ！」と教えてくれるわけです。

そして、この「やばいぞ！」という感情は、人間関係では、「嫌い」と思うことに等しく、いわば防衛本能というわけなのです。


「この上司、マネジメントが細かいぞ……、やばいな。自由がなくなるかも」

「この上司、マネジメントが緩いぞ……、やばいな。放置されるかも」

と部下が思うことは、ごく自然なこと。


でも、いくら防衛本能といっても、「嫌い」になりすぎると、生きづらくなります。

なので、人は、理性を司る脳の「前頭前野」という場所で、制御しているわけです。

通常は、嫌い、と思っても、理性で制御できるので問題ないのですが、ストレスを感じると、「前頭前野」の制御が甘くなってしまうのです。

ストレスを感じている時ほど、苦手な人のことが、より一層、苦手になることはな

いでしょうか？　それがこの理由です。

まとめますね。

「本能」と「理性」で整理をすると、わかりやすくなります。人を嫌いになるのは「本能」。嫌いを制御するのは「理性」。

「苦手な人」をなくす方法は、あなたの「理性」による制御力を鍛えることにほかなりません。

POINT

嫌いになるのは「本能」。
嫌いを制御するのは「理性」である

「苦手な人」があなたのキャパシティを広げる

□「関係を切る」前にできることがある

私は「苦手な人」に対し、「関係を切る」ことで解決する方法を否定はしませんが、賢くない方法だと思っています。

「切れる」関係、たとえばプライベートの知人であっても、やはり、**関係を切るのは、賢くないと思います。あくまで最後の手段です。**

切る前にやるべきことがあります。

「評価を変える」、のです。

人へのキャパシティを広げる、といってもいいでしょう。

職場の上司が「嫌いで許せない」ので、転職をするという考え方があります。

でも、先ほど言いました。

どのコミュニティに属したとしても、一定の割合で「苦手な人」と遭遇するわけです。今度は転職先に、嫌な先輩がいるかもしれません。

「自由な雰囲気を求めてベンチャーに転職をする人がいるけど、ベンチャーの方が、『トップダウンでやれ！』ということも少なくないんだよね。結局、相手に合わせることができないと、また転職をするということになる」と、以前の職場で言われたことがありました。

ほかにも私の後輩でこんなエピソードがあります。

現在は独立して社長として活躍しているのですが、彼は年の瀬の12月、ある部下から新規事業のプロジェクトに参加したいと希望を受け、その「やる気」を見込み、例外的にＯＫを出したそうです。

ところが、年が明けて間もなくして、その部下から「会社を辞めます」と言われてしまったのです。

「何があったのか？」と尋ねたところ、部下は次のように答えたと言います。

「新規プロジェクトよりも、もっとやりたい仕事ができる会社の採用が決まったので、辞めさせてほしい」と。

まったく筋の通らない申し出に対して、さすがに「ありえない」と思ったそうです。

しかし、人間関係に長けた彼は、見方を変えました。

「世の中には、自分の常識では測れない人がいる。このような人の気持ちを汲み取れるようになると、会社がもっと強くなるかもしれない。ムカつくけど、いい勉強の機会をもらった」と考えなおしたのだそうです。

やはり経営者はすごい、と感心したものでした。

とはいえ、ここまで冷静になるのは、そう簡単ではないかもしれません。

苦手な人とのやり取りを、あえて「勉強の機会」と考えてみてはいかがでしょう。

反面教師、という言葉がありますよね。

残念なふるまいをする人を見て、自分はやらないでおこう、と考えるのが反面教師。

その上を行くのが、「勉強の機会」。

苦手な人と対峙した時、それを「自分のキャパシティ」を広げる機会と考えるわけです。


「切る」と「上手に距離をとる」は、なんとなく似ていますが、実はかなり違います。

「切る」は、物理的な対処を指します。

具体的には、「会わない」「避ける」といったことです。

また、関係を「切る」ことによって副作用もあります。

「お客様」を切ると、売上が下がります。

「部下や後輩」を切ると、あなたへの評価が下がります。

「友人」を切ると、その先にいる別の友人と距離ができるかもしれません。


でも、**「上手に距離をとる」は、切るのではなく、評価を変えてみたり、会う頻度を変えてみたりすることなので、犠牲が伴いません。**

それどころか、むしろ上手くいくことばかり。

「お客様」の態度に、いちいち反応せず「スルー」すれば、売上は担保できます。
「部下や後輩」に、スマートに適応すれば、あなたの評価は上がるでしょう。
「友人」もそう。良好な関係は、自分の幸福感を高めてくれます。

POINT

「切る」のではなく、「上手に距離」をとる、が正解

グローバルスキル「ストレスコーピング」を知る

□「認知行動療法」をベースにした「ストレスコーピング」とは

これまで「苦手な人」に対して、あなたの「評価」を変えましょうという話をしてきました。**適切に評価を変えるためには、自分自身の「評価のクセ」を知っておくことが望ましいのです。**

その人特有の「評価のクセ」は誰にもありますが、自覚がない人がほとんどなので、適切な評価に至らず、人間関係に悩むケースが多く見られます。

「評価のクセ」のことをアメリカの医学博士で「認知行動療法」の創始者として知られるアーロン・T・ベック氏は、「認知のゆがみ」と表現しています。

精神疾患やさまざまな中毒・依存症などの治療を目的とした「認知行動療法」をベースにして、ストレスの予防や緩和などストレスマネジメントに応用したものが、この本のメインテーマのひとつである「ストレスコーピング」です。

ストレスコーピングを駆使すると、人に対する見え方が変わってきます。

「ルーズな人」が「おおらかな人」に、

「時間に厳しい人」が、「真面目な人」に、

「優柔不断な人」が、「気を配る人」に、

自然と見えるようになるでしょう。

なぜなら、**いつも目の前にいる「苦手な人や困った人」は、あなたの「認知のゆがみ」が生み出している可能性が高く、**その「ゆがみ」を矯正するのが、ストレスコーピングだからです。

□「自動思考」と「スキーマ」が生む「認知のゆがみ」

少し、お勉強的になりますが、ちょっとだけおつき合いください。

「認知のゆがみ」は、「自動思考」と「スキーマ」というふたつの要因によって生まれるとされています。

まず**「自動思考」とは、瞬時に心に浮かぶ思考やイメージのことです。**

「あの人はやばい！　苦手！」といった感情などがそうです。

必ずしもネガティブなものばかりではありませんが、瞬時の判断なので人間関係などでは誤解が生じやすいリスクもあります。

そして**「スキーマ」とは、人生のさまざまな体験から構築された、自動思考のもとになる価値観や評価の基準です。**

たとえば「約束を守らない人は信用してはいけない」という家庭で育った場合と、

「約束は守れない場合もある」という家庭で育った場合では、スキーマに大きな違いが生じます。

また「口数の少ない人は何かを隠している」と思い込むような環境で育った人は、理屈ではわかっても、簡単に思い込みを払拭できません。

ちなみに、私の妻は「みんなと仲良くすることが大事。敵をつくってはいけない」というスキーマを持っています。

一方で私には、商売人で昭和的な価値観を持つ母の影響からか「気持ちで負けたらいけない。乗り越えていけ！」といったスキーマがあります。

お互いの違いを認め合っているので揉めることはありませんが、お互いのスキーマが変わることもありません。

このような自動思考とスキーマから生じる「認知のゆがみ」は、（必要に応じて例外はありますが）そう簡単に変えられるものではありません。

ただし「ストレスコーピング」を上手に利用することで、それらの「自動思考」や

「スキーマ」からくる認知のゆがみを矯正し、「フラット」な状態に戻すことができるのです。

POINT

あなたにも、必ず「認知のゆがみ」がある。大事なことは、それに気づけるかどうか

認知のゆがみ① 「べき思考」の人とは？

□他人に「イライラしやすい」あなたへ

ここからはあなたの「評価のクセ」を知るために、認知行動療法で10種類ほどあるとされている「認知のゆがみ」の中から、代表的な4種類をご紹介します。

まずは、イライラしがちな「べき思考」から解説しましょう。

「～すべき」「～であるべき」と考える傾向が強いタイプです。

ゆえに、自分の思うようにならない状態がストレスとなり、イライラすることが多くなります。自分だけでなく、他人にも「べき思考」を押しつけてしまうので軋轢《あつれき》が生じやすくなります。


「彼女は向上心がないな……、スマホアプリでいいので新聞くらいは読むべきだ」

「あの人、よく喫煙室に行くよな……、頻繁な喫煙は控えるべきだ」


など、「べき」と、自分の尺度で評価をしてしまうのが、この「べき思考」です。


また、正義感が強い人の「べき思考」による言動も、要注意。

本人に悪気はなく、むしろ正しいと思っているので、より注意が必要です。

「優先席に座るなんて……、普通は空けておくべきでしょ」

「エスカレーターに割り込みをしたぞ……、許せない。並ぶべきでしょ」

なども、その典型。


自分が正しいと思っているので、攻撃的になることもあります。

「優先席に座るなよ」「ちゃんと並べよ」と、注意する人を見たことはないですか。

私は電車の車内で、それがきっかけで口論に発展したケースを見ました。

きっと、私を含め、誰もが思ったと思います。

「かえって迷惑だ」と。


せっかちな人も、この「べき思考」に陥りやすく、注意が必要。

まさに私がそうなので、かなり注意をしています。

私も以前は比較的時間にルーズだったのですが、「お金と時間の約束は守らないと、社会人として信用されない」という上司のアドバイスを受けてから、厳密に時間を守るようになりました。（時間は厳守すべき、というスキーマができたのです）

私の古くからの友人に、待ち合わせに必ずといっていいほど遅れてくる人がいます。

時に、「また、遅れた。ありえない」とイライラすることがあります。

こちらは、遅れてはいけない、と思い、ほかの用事を急いで終わらせ、なんとか時間に間に合うよう早歩きで、その場所に辿りついているわけです。

そして、時計を見て「よし、2分前。間に合った」と。

そんな時に友人は、10分ほど遅れてやってくるわけです。

お詫びの言葉はありません。

「渋滞していてさ、大変だったよ」と渋滞のせいにします。

「時間は守るべき」という思考が強くなっている私はイライラして、「もう、こんな人との縁は切ってしまおうか」などと思ってしまいます。

以前は自分も時間にルーズだったにもかかわらず……。

ただし私は、自分が「べき思考」であるという自覚もあるので、そこで「縁を切るなんて、さすがに行きすぎだ」と考え直すことができます。

また、「時間厳守のスキーマがあるので、自分は特殊でもある」と、自分を俯瞰《ふかん》して観察することもできます。

「べき思考」という「認知のゆがみ」を自覚することで、行きすぎた思考に対して、理性のブレーキをかけることができるのです。

POINT

「べき思考」が強い人は、自分だけでなく、他人にも厳しくなってしまう傾向がある

認知のゆがみ②
「完璧思考」の人とは？

□「100点か0点」で考える人の問題

次に紹介するのが、ヘトヘトに疲れてしまう「完璧思考」の人です。
「完璧思考」の人は、過度に高い目標基準を設定し、常に自分に厳しいミッションを課しているような人です。

完璧さを求めるあまり、「100点か0点」という極端な自己評価に陥って、ヘトヘトに疲れてしまうのです。

たとえば、上司にいくつかの仕事を命じられたとします。

「完璧思考」の人は「全部を完璧に仕上げないと（ちょっとでもダメ出しされたら失敗だ）」と必要以上にプレッシャーを背負ってしまいます。

また、就職や転職をする際に「すべて自分の希望通りの会社でないと（ひとつでも満たさないものがあったら候補から除外）」といった非現実的な希望を抱いてしまう場合もあります。

真面目で優秀な人も多いので、自分の基準に合わせていると「完璧思考」の人の仕事が減ることはありません。

上司から頼まれた仕事であれば、手間と時間をかけ、さらに「念のために」とあれこれ頼まれていないことまでやります。

また、部下に頼んだ仕事であれば、なかなか満足はできないので、手直しに時間がかかります。

「誤字があるじゃん。ほんとルーズだな」

「このデータ、3年前のものだよね。最新にしないと意味ないじゃん」

やがて疲れ果ててしまい、自分をそこまで疲れさせる上司や部下への不満や不信が蓄積されるという悪循環に陥ります。

でも、これの何が悪いの？　と思う人もいるでしょう。

実は、そこが問題。

「完璧思考」の良くない点は、自分が応えようとしている期待と、周囲が求めている期待にズレが生じ、人間関係だけでなく、仕事の効率にも悪影響が出てしまうことにあるのです。

▢ 相手を疲れさせてしまう場合も

「完璧思考」の人は、基本的に「自分の100点」を求めているので、他人に対して理不尽な厳しい態度をとることはありません。

しかし、一緒に仕事をする人は、結果的に「完璧思考」の人が目指す100点の基

準に、多かれ少なかれ巻き込まれます。

一緒に仕事をする人が「部下」であればなおさらです。厳しく責められることはなくても、過剰かつ非効率的な仕事の進め方に従っているうちに、ヘトヘトに疲弊していきます。

「完璧思考」は、自分だけの問題ではないのです。

私の知人が「完璧思考」のクライアントに悩んでいました。

そのクライアントは、仕事のミスを減らすために、いつも詳細なチェックリストを作成するそうです。一緒に仕事をする際は、その（知人には過剰に思えるような）詳細なチェックリストを共有しなければならず、一つひとつの項目をチェックしていく作業だけでも大変な手間がかかると……。

多くの場合「完璧思考」の人は、こうしたことを「よかれ」と思ってやっているので、周囲の疲弊には気づきません。また、気づいても「自分もやっているのだから」と改めることはないでしょう。

「よかれ」と思ってやっていることを変えることはできません。
だからこそ、自分の「認知のゆがみ」の傾向を知ることが大切なのです。

POINT

「完璧思考」は、自分が疲れるだけでなく、周囲を疲れさせる

認知のゆがみ③
「読み過ぎ思考」の人とは？

□「裏の意味」を勝手に想像してしまう

次に紹介するのは、「読みすぎ思考」です。「ムカムカ思考」とも言います。

他人に対し、怒りを感じる点では、イライラしやすい「べき思考」の人と似ているところがあります。「べき思考」の人は、単純に「自分の思い通り」にならないことにイライラしますが、**「読みすぎ思考」は、相手の言動などに「何らかの評価を加えて」ムカムカする傾向があります。**

相手のネガティブな「裏の心理」などを勝手に想像して、いわば自分から傷つき、自分から腹を立ててしまうのです。

「読みすぎ思考」の人は、このネガティブな想像を繰り返すことで、事実とは異なる結論に至る傾向があります。

たとえば、「資料に誤字がある」「時間に遅れる」ような人に対して、「べき思考」の人は「気をつけるべきだ」と単純にイライラします。

一方、「読みすぎ思考」の人は、ネガティブな想像をぐるぐると繰り返し、最終的には「この人は仕事をなめている」「私のことを軽視している」など、あらぬ結論に至ったりします。

部下の「返事の反応が悪かった」ことに対して、ぐるぐると考え続けた末に「この人は仕事のやる気がないのだ」とか、「実は私に話せないような隠し事があって、それをごまかそうとしているのかもしれない」といったネガティブな想像が膨らみ、悪い方向に結論が導かれていくのです。

このタイプの人は、「細かい気配り」ができて「先を読む」能力が優れている場合もあるのですが、「想像」と「事実」を混同してしまうことが多いので、人間関係が上手くいかないケースがあるのです。

私が勤めていた会社での話です。

私が以前一緒に仕事をしたことのある先輩が、そのタイプでした。

たまたま、人事異動の巡り合わせで、その先輩が私の部下になったのです。

その先輩に、経験を見込んで、ある業務を任せることにしました。

仮に〝業務A〟としましょう。

すると、その先輩は、開口一番こう言ったのです。

「最初に言っておきたいんだけど、俺のこと、なめてる？」

驚いて言葉を失っている私に、先輩は続けました。

「俺がAの仕事をしていたのは何年も前の話。ここ数年間はBの仕事をやってきた。それなのにAの仕事をしろとは、俺のことをなめているのか？」と。

話を聞いているうちに、先輩の怒りの原因がわかりました。

Aの仕事は、野球で言えば、送りバントなどを期待される二番バッターの仕事で、Bの仕事は、ホームランを期待される四番バッターの仕事なのです。

そこでBではなくAの仕事を任せようとする私に対して、先輩は「あいつは俺のことをなめている」という結論に至ったのです。

ただ当時、私の部署ではBの仕事はうまく回っており、優先順位を考えると重要なのは、Aの仕事だったので、そのことを丁寧に説明しました。

納得した先輩は、Aの仕事の改善に貢献してくれました。

でも、後日談があります。

その先輩は、私の後任となった上司とは、うまくいかず、すぐさま別の部署に異動するハメになりました。さらに、その異動先でもうまくいかなかったようです。

頭脳明晰な先輩で、人情も厚い人でしたので、もったいない気分でいっぱいでした。

深読みがネガティブな方向に走ると、一気に悪循環が加速するので、気をつけたいところです。

POINT

「読みすぎ思考」がネガティブな方向に走ると、一気に悪循環が回り始める

認知のゆがみ④
「マイナス思考」の人とは？

□「落ち込みやすい」あなたへ

最後に紹介するのは、オドオドしやすい「マイナス思考」の人です。

「マイナス思考」の人は、何か出来事があった時に、「悪い面」にばかり注目してしまうタイプの人です。

さらに、「悪いのは自分だ」「自分の力不足だ」などと自分を責めてしまう傾向があるのでストレスを溜めやすくなります。

たとえば、

「会社の上司や先輩などからちょっと厳しいことを言われた」
「参加したプロジェクトで、自信を失うような失敗をした」
「自分の仕事への周囲の評価が、自分が思っていたよりも低かった」
といったことがあったとします。

もちろん喜ばしいことではありませんが、決してめずらしいことではなく、誰しも多かれ少なかれ経験することです。

多少落ち込んでも、「こんなこともあるさ」と受け流せれば気分転換できますが、「マイナス思考」の人の場合は、そうはいきません。

「自分にはムリかも……」「自分のせいだ……」

などと、必要以上に落ち込んでしまうのです。

このように「悪い面ばかり」に焦点を当てたり、「自分だけ」を責めたりする傾向の強い人の背景には、

「たった一度ミスしただけでも、リカバリーは不可能である」

という極端な思い込みや、
「この職場で悪く思われてしまったら、もうやっていけない」
などと思ってしまうような狭い世界にとらわれた価値観（スキーマ）があります。

自責の念から人間関係が悪化することもある

「マイナス思考」の人が、人間関係において支障が出やすくなるのは、「期待に応えられない」と悩んだ時です。

仕事でもプライベートでも、誰かから何かを頼まれて、相手の期待に応えられないと、「ああ、自分はダメだ」という自責の念を抱きます。

また「この人とはやりにくい」という苦手意識も生まれます。

特に相手が「完璧思考」の人で、（よくも悪くも）完璧を求め、高い要望を出してくる場合などはなおさらです。起きていることは「その人の要望は自分には難しかった」というだけの話なのですが、「マイナス思考」の人は自分を責めてしまうので、その人とつき合えばつき合うほど自分が落ち込んでいきます。

また、「マイナス思考」の人は、自分を人と比較して、劣等感を持つ傾向もあります。たとえば、自分より仕事ができる人がチームにいると、「なんて自分はダメなのだ」「自分が足を引っ張っているのではないか」と辛さを感じることもよくあること。

本来であれば、チームに優秀な人がいれば、「ありがたい」と思うものですが、このタイプはそう思えないのです。

その結果、耐えられなくなって人間関係が上手くいかなくなるという悪循環を招きやすくなるのです。

POINT

「マイナス思考」の人はもの事の「悪い面」ばかりに注目し、ヘトヘトに疲れてしまいがち

「自分の認知のゆがみ」を知るための簡単チェック

□自分の認知のゆがみを知って「クセ」を調整する

自分が「べき思考」「完璧思考」「読みすぎ思考」「マイナス思考」の、どのパターンに近いかがわかれば、認知のゆがみが強く影響する「評価のクセ」を踏まえて、必要に応じてそれを調整することができます。

これは苦手な相手についても同様です。

相手がどのパターンなのかを知っておけば、偏りやすい「評価のクセ」を想定したトラブル回避などに役立ちます。

それでは、自分（相手）についての簡単チェックをしてみましょう。

「認知のゆがみ」を知る 簡単チェック表

各設問に点数をつけてみてください。

まったく当てはまらない	0点
どちらかと言うと当てはまらない	1点
どちらかと言うと当てはまる	2点
かなり当てはまる	3点

〔べき思考〕

		点数
1	自分はせっかちな方だ	
2	段取りが遅いとイラつくことがある	
3	自分がやりたいことを否定されるとイラっとする方だ	
4	「普通は**べきでしょ」と考える方だ	
	合計	

〔完璧思考〕

		点数
1	少しのミスも出したくない方だ	
2	念のためを考え、ムダな仕事をしていることがある	
3	人に迷惑をかけたくないと思う方だ	
4	白黒をはっきりつけたい方だ(良いか、悪いか、等)	
	合計	

〔読みすぎ思考〕

		点数
1	人から意見をされると、悪意を感じてしまう	
2	きっと、裏に何かあるはず、と詮索をする方だ	
3	初めて会う人に対し、警戒心を持つ方だ	
4	自分が不利にならないよう、色々と考える方だ	
	合計	

〔マイナス思考〕

		点数
1	失敗することが怖いので、積極的に行動がとれない方だ	
2	注意をされると、落ち込む方だ	
3	自分に自信をもってない	
4	「どうせ」「でも」と言い訳を考える方だ	
	合計	

各項目において、合計が8点以上の場合、その傾向がある可能性があります。

第2章

誰にでもいる「苦手な人」って、こんなタイプ？

〜「相手を知る」ことで苦手を克服する「相性マトリクス」〜

相手の「タイプの違い」を知る「相性マトリクス」

□「ストレスコーピング」に役立つ「相性マトリクス」

第1章では、自分の「認知のゆがみ」を知り、「苦手な人」への「評価」を変えることで苦手の克服を目指す「ストレスコーピング」の話をしました。

とはいえ、苦手な人への評価を変えるのは難しそうに思いませんか？

そんな時こそ、「相手のタイプ」を知るといいでしょう。「自分の常識」ではなく、「相手の常識」で考えるのです。

そこで第2章では、「相手のタイプ」を知るために私が作成した「相性マトリクス」

を使い、タイプを見極める方法を紹介します。

この「相性マトリクス」のベースになっているのは、アメリカの産業心理学者、デビッド・メリル氏が提唱した「ソーシャルスタイル理論」。

多くの企業研修で取り入れられているコミュニケーション理論です。

私も多くのリーディングカンパニーで、ソーシャルスタイル研修を行っています。

今回は、その理論を相性に特化し、「相性マトリクス」として、紹介します。

ソーシャルスタイルを学習したことある方は、「そうそう」と思っていただける内容になっているでしょう。

むろん、学んだことがない方にも、〝スグに〟活用していただけるようアレンジし、覚えやすいよう、タイプのネーミングもキャッチーにしています。

この「相性マトリクス」では、人のコミュニケーションのスタイルを4つに分類します。あなたが「苦手そうなタイプ」はどれでしょうか。

・**独裁タイプ（配慮なく、ズケズケ言う人）**
・**感覚タイプ（ノリが良く、アバウトな人）**
・**理屈タイプ（寡黙で理屈っぽい人）**
・**迎合タイプ（自分の意見がない人）**

左の図は、私が提唱する「相性マトリクス」を簡単に図示したものです。

「縦軸」……「表情が出やすい（笑顔などで話す）」か、
「表情が出にくい（無表情）」か。
「横軸」……「自分のことをよくしゃべるか（自己主張しがち）」か、
「自分のことをあまりしゃべらないか（控えめな感じ）」か。

この2軸で「4つのタイプ」に分ける方法です。
あなたにとって、特に「苦手なタイプ」はありますか。

相性マトリクス

表情が出にくい
本当に正しい？
他にないの？
理屈タイプ
寡黙で理屈っぽい
■確認が細かい
■やたら根拠を求める
■理屈っぽい
スグやって欲しい
独裁タイプ
配慮なく、ズケズケ言う
■指示や主張が多い
■プロセスより結果
■せっかち
自分のことをあまりしゃべらない
自分のことをよくしゃべる
任せます…
迎合タイプ
自分の意見がない
■優柔不断
■人の目を気にする
■ヘラヘラしがち
やるしかないっしょ
感覚タイプ
ノリが良く、アバウト
■感覚で決める（前言撤回も）
■目立つことが好き
■仕事の進め方が雑
表情が出やすい

かつての私は、特に「理屈タイプ」が苦手でした。

私がアバウトだったからですが、確認を細かくされたり、理屈をこねられると、「動いてから考えろよ」なんてことを思っていました。

さらに「べき思考」でしたので、イライラすることもしばしば。

今から思うと反省しきりです。

では、この後、各タイプを詳しく解説していきます。

POINT

苦手な人のコミュニケーションのスタイルを、4つのタイプに分けてみる

「4つのタイプ」それぞれの特徴を知っておく

□ 達成・勝利を大事にする「独裁タイプ」

「相性マトリクス」として分類している「独裁タイプ」「感覚タイプ」「理屈タイプ」「迎合タイプ」という4つのタイプについて、それぞれの特徴をここでもう少し詳しく説明します。

まず、4つのタイプのなかの「独裁タイプ」の人は、そのベースとなるソーシャルスタイル理論では「ドライビング」といわれるタイプになります。

何よりも「達成・勝利」が大事で、せっかちで負けず嫌い。目的のためには厳しい

判断も辞さない人です。

「そんなのどうでもいいよ」
「結果を出さないと話にならないでしょ」
といった言動が見られるタイプです。

この特徴を「ポジティブ↓ネガティブ」な印象で整理すると、こんな感じ。

「スピーディ」だけど　↓　「強引」にも感じる
「意志が強い」けど　↓　「話を聞かない」傾向
「結果」にコミットするが　↓　「人の気持ち」を軽視しがち

まさに表裏一体。「進め方が強引だよね〜」といった苦手意識があったとしても、
「あの人、スピーディだね！」と捉え直すことで、好印象にも変わるタイプです。

□注目されることを大事にする「感覚タイプ」

相性マトリクスの4つタイプのなかの「感覚タイプ」の人は、ソーシャルスタイル理論では「エクスプレッシブ」といわれるタイプです。

何よりも「注目されること」が大事で、ノリを重視し、新しいことや話題性のあることが大好きな人です。

「面白そうだね、いいじゃん、やっちゃおうよ」
「失敗したっていいじゃん。とにかく、行動あるのみ！」
といった言動が見られるタイプ。

この特徴を「ポジティブ→ネガティブ」な印象で整理すると、こんな感じ。

「ノリがいい」けど　↓　「うるさい」と感じる
「すぐに着手」するけど　↓　「検証が甘い」ことが多い

「アイデアマン」だけど　↓　「思いつきでやる」ことが多い

これも、表裏一体。「いつも騒がしいよね～」といった苦手意識があったとしても、「明るい雰囲気でノリがいいよね！」と捉え直すと、好印象にも変わるタイプです。

□納得することを大事にする「理屈タイプ」

相性マトリクスの4つタイプのなかの「理屈タイプ」の人は、ソーシャルスタイル理論では「アナリティカル」といわれるタイプです。

何よりも「納得すること」が大事で、冷静にデータや情報を分析して、独自の見解をもって判断する人です。

「そもそも前提を考えると、そんなに簡単に決めることじゃないよね」「データを出して裏づけを確認してからじゃないと……」

といった言動が見られるタイプ。

この特徴を「ポジティブ↓ネガティブ」な印象で整理すると、こんな感じ。
「物静か」だけど　↓「無口でとっつきにくい」のでなんだか苦手
「丁寧」だけど　↓「細かすぎる」ので面倒
「慎重」だけど　↓「検証しすぎ」では？

これも、表裏一体。「無口で陰気な感じ」といった苦手意識があったとしても、「物静かで落ち着きがある」と捉え直すことで、好印象にも変わるタイプの人です。

□みんなの気持ちを大事にする「迎合タイプ」

相性マトリクスの4つタイプのなかの「迎合タイプ」の人は、ソーシャルスタイル理論では「エミアブル」といわれるタイプです。

何よりも「みんなの気持ち」が大事で、人の気持ちや全体の調和を重視したい平和

志向の人です。

「みんなの気持ちを聞いてからでないと決められないよね」

「また、みんなで集まって意見交換をしよう……」

といった言動が見られるタイプ。

この特徴を「ポジティブ↓ネガティブ」な印象で整理すると、こんな感じ。

「人の気持ちを大切」にするけど↓「優柔不断」に感じる

「人にやさしい」けど　↓「厳しさ」が足りないように感じる

「気くばり上手」だけど　↓そのため「やることが増える」ことが多い

これも、表裏一体。「優柔不断で決断しない」といった苦手意識があったとしても、「周囲の意見を大切にしてくれる」と捉え直すと、好印象にも変わるタイプです。

いかがでしょうか。

あなたの「苦手なタイプ」「得意なタイプ」は見つかりましたか。

もちろん、人をきっちり4つのタイプに分けることはできませんが、相性マトリクスは人のコミュニケーションスタイルの「クセ」を4つに分類したものなので、クセの強弱はありますが、いずれかのタイプに属すると考えられます。

POINT

その人の「ネガティブな印象」と「ポジティブな印象」は表裏一体であり、〝あくまで特徴〟にすぎない

#「よくしゃべるタイプ」か？「表情に出やすいタイプ」か？

□「自己主張」にかかわる「おしゃべり」かどうか

61ページで紹介している「相性マトリクス」の図では、コミュニケーションスタイルを4分割した横軸の両端に、「自分のことをよくしゃべる」「自分のことをあまりしゃべらない」という傾向を示しています。

また、縦軸の両端には「表情が出やすい」「表情が出にくい」という傾向を示しています。

ここでは、この縦横の軸の分類によってもわかりやすくなる相性マトリクスの4つのタイプの違いをご紹介します。

まず、横軸の「おしゃべり」について。

これはソーシャルスタイル理論では「自己主張」の強弱にかかわる指標です。

「自分のことをよくしゃべる」人、つまり横軸の「右側」に近づく人ほど「自己主張が強い」人になります。

右に行くほど「自分の主張を通したがる人」と言ってもいいでしょう。

反対に、「自分のことをあまりしゃべらない」人、横軸の「左側」に近づく人ほど「自己主張が弱い」人になります。

左に行くほど「自分の主張を通すのではなく、控えめな人」に相当します。

□「感情」にかかわる「表情」に出やすいかどうか

次に、縦軸の「表情」について。

これはソーシャルスタイル理論では「感情表現」の大小にかかわる指標です。

「表情が出やすい」人、つまり縦軸の「下側」に近づく人ほど「感情表現が大きい」人になります。**下に行くほど「あたたかい・明るい雰囲気の人」に見えます。**

反対に、「表情が出にくい」人、縦軸の「上側」に近づく人ほど「感情表現が小さい」人になります。**上に行くほど、「クールな雰囲気」に見えます。**

「自己主張」と「感情」の傾向を4つのタイプで考えてみると

「自己主張」の強弱や「感情」の大小の傾向を、相性マトリクスの4つのタイプにあてはめて考えると次のようになります。

「独裁タイプ」の人は、自己主張が強く、感情表現は小さい傾向があります。

自分の主張を早口でよくしゃべります。

ただ、感情表現は小さいので、淡々とした表情から全体としてクールな印象を受けやすい人です。

「感覚タイプ」の人は、自己主張が強く、感情表現も大きい傾向があります。
「バーンと」や「ドーンと」などの擬態語を使いながら、ジェスチャーを入れて、表情豊かによくしゃべります。主張や感情が前面に出るあまり、話が脱線しやすい人でもあります。

「理屈タイプ」の人は、自己主張が弱く、感情表現も小さい傾向があります。
無口であまり自己主張をせず、感情もあまり表情に出しません。
主張や感情を前面に出すよりも、データや前例、理論に重きを置きたい人です。

「迎合タイプ」の人は、自己主張が弱く、感情表現は大きい傾向があります。
表情が柔和なタイプ。それはみんなの気持ちを慮《おもんぱか》っている感情表現です。
自分自身については、口数が少なく、自己主張をしない人が多く見られます。

「この人はどんな人だろう？」

と思った時は、「しゃべり方」や「表情」を観察してみましょう。相性マトリクスの4つのタイプのいずれかが浮かんでくるはずです。

POINT

その人の「しゃべり方」や「表情」を注意深く観察すると、相手のタイプが見えてくる

「対角線の関係」に要注意

□「相性の悪い」組み合わせと「認知のゆがみ」の影響

第2章冒頭の項目（61ページ）で紹介している「相性マトリクス」の図では、「独裁タイプ」「感覚タイプ」「理屈タイプ」「迎合タイプ」の相関関係を示していますが、この中に実は相性の悪いタイプがあるのです。

相性の悪いのは、〝対角線〟の関係です。

これはソーシャルスタイル理論でも検証が得られているセオリーなのですが、考えてみるとわかります。

大事にしていることが正反対だからです。

相性の悪い組み合わせ

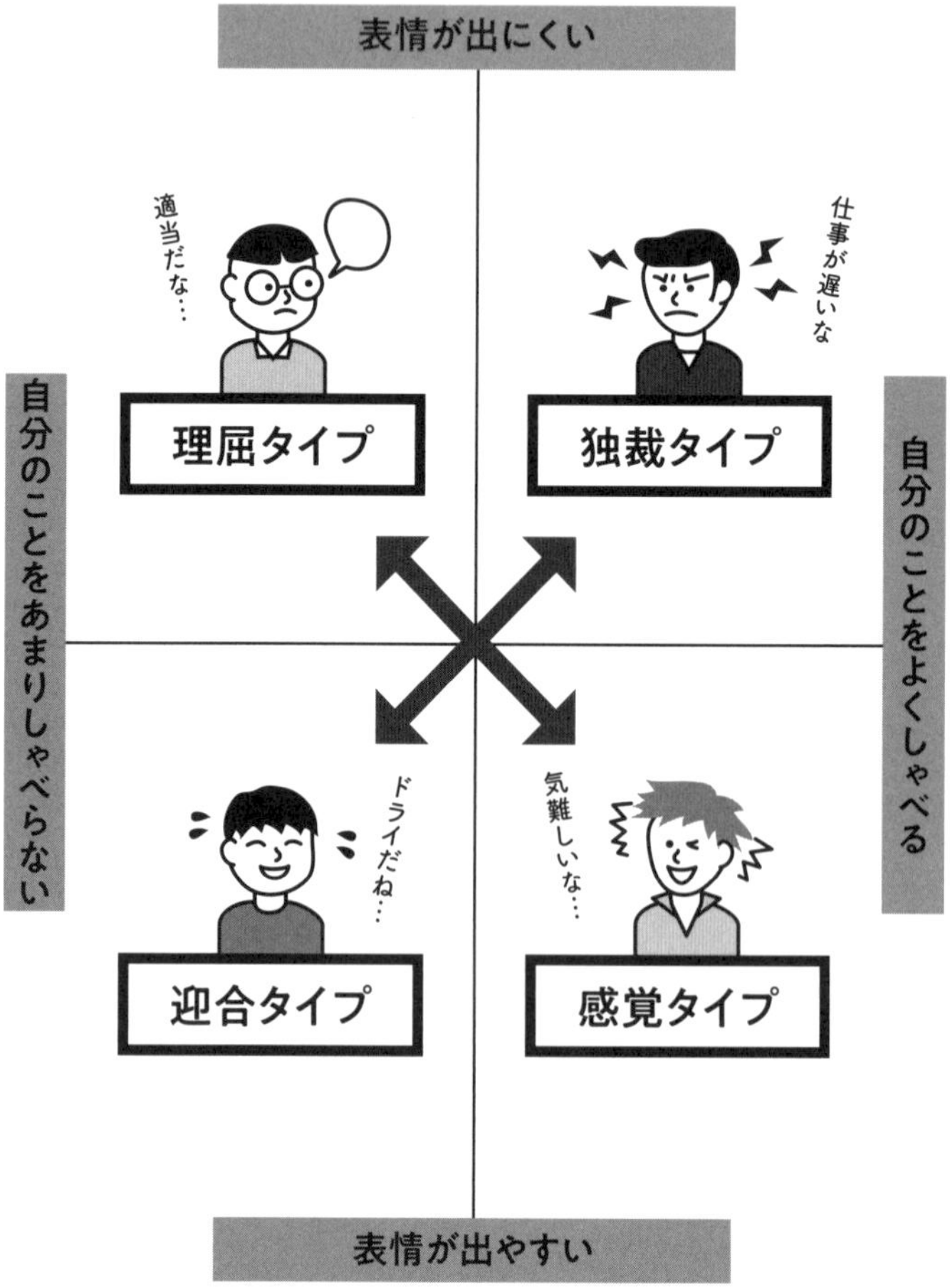
表情が出にくい
表情が出やすい
自分のことをあまりしゃべらない
自分のことをよくしゃべる
適当だな…
理屈タイプ
仕事が遅いな
独裁タイプ
ドライだね…
迎合タイプ
気難しいな…
感覚タイプ

「独裁タイプ（強引で結果重視）」vs 迎合タイプ（人の気持ちが大事）」

「理屈タイプ（慎重に決めたい）」vs 感覚タイプ（パッと決めたい）」


先ほど、かつての私は、「理屈タイプ」が苦手だったと言いました。

私が、「感覚タイプ」だからです。

さらに、「べき思考」でしたので、そんな彼らにイライラしていたわけです。

でも、「自分のタイプ」と「自分の認知のゆがみ」を自覚し、また「相手のタイプ」を理解している今では、相手にストレスを感じることは、ほとんどなくなりました。

これは、絶対に知っておいた方がいいマトリクスです。


この「相性の悪い」組み合わせにおいて、その人は相手に対してどのような苦手意識を抱いているのか。また、その苦手意識に1章でご紹介した「認知のゆがみ」である、「べき思考」「完璧思考」「読みすぎ思考」「マイナス思考」が加わると、どのように影響するかについて紹介したいと思います。

「独裁タイプ」が抱く「迎合タイプ」への苦手意識

□「独裁タイプ」の人から見た「迎合タイプ」の人

「相性マトリクス」の分類では、「独裁タイプ」と「迎合タイプ」は、対角線上に位置する「相性の悪い」組み合わせです。

独裁タイプの人は、迎合タイプの人に対して、

「いちいち効率が悪いんだよな……」

「何でもっと早くやらないんだろう？」

「もっと結果にこだわって仕事をしないと意味がないだろう」

「どこかでリスクを取らないと、いつまでも決められないだろ！」

といった苦手意識を抱いています。

迎合タイプの人の細やかな周囲への気配りやリスクを回避する危機管理などが、どれも長所ではなく短所に見えてしまうのです。

□「独裁タイプ」の苦手意識に「認知のゆがみ」が加わると

独裁タイプの人の迎合タイプの人への苦手意識に、自分の「認知のゆがみ」が加わると、このようなストレスを感じることになります。

たとえば「べき思考」が加わると……

自分の尺度でしかない「普通こうでしょう」を押しつけようとしますが、思うようには伝わらずイライラすることが多くなります。

「読みすぎ思考」が加わると……

迎合タイプの人に対して「仕事、本気じゃないだろう？」とか「俺のやり方に反対ばかりする敵だ」などと思ってしまいます。

「完璧思考」が加わると……

迎合タイプの人は「曖昧で主体性がなく、何も決められない」と決めつけて、とても細かい指示を強要する場合があります。

私の知人の課長さんで、「独裁タイプ」で「完璧思考」の人がいます。

ある日、課長は迎合タイプの部下を呼んで、その日に訪問した複数の営業先の順番とルートを尋ねました。部下からの答えを聞いた課長は、

「なぜ、そんな非効率的な回り方をするんだ？　その順番でなく、この順番で回れば動線が短くなり、もっと時間は短縮できるだろう！」と注意しました。

「でも、それぞれのお客様の都合のよい時間に合わせて予定を決めたので……」

と、顧客の都合を優先した部下が反論すると、

「アポイントの調整をしたら、こうはならないでしょ。調整はしたの!?」と課長。

「いえ、そこまでは……」と部下。「なぜ、調整しないの!?」と課長。

この課長は迎合タイプの部下に対して常にイライラしており、彼の下についた迎合タイプの人は辞めてしまうケースが多いようです。

POINT

「独裁タイプ」は、「迎合タイプ」の気配りを肯定的に捉えられない傾向がある

「迎合タイプ」が抱く「独裁タイプ」への苦手意識

□「迎合タイプ」の人から見た「独裁タイプ」の人

前項でご紹介したように、「相性マトリクス」の分類では、「独裁タイプ」と「迎合タイプ」は対角線上に位置する「相性の悪い」組み合わせです。

では前項とは反対に、迎合タイプの人は、独裁タイプの人をどのように見ているのでしょうか？

迎合タイプの人は、独裁タイプの人に対して、

「みんなの意見や気持ちをもっと聞いてみるべきなのに……」

「大事なことなのに、なぜすぐに切り捨てるのだろう？」

「どうして、結果ばかりを気にするのだろう？」

「失敗した時のことを考えると、簡単には踏み出せないはずだ！」

といった苦手意識を抱いています。


独裁タイプの人が優先している結果への執着心や主体性を持って一歩を踏み出す決断力などが、どれも長所ではなく短所に見えてしまうのです。

「迎合タイプ」の苦手意識に「認知のゆがみ」が加わると

迎合タイプの人の独裁タイプの人への苦手意識に、自分の「認知のゆがみ」が加わった際のストレスを見てみましょう。

たとえば「マイナス思考」が加わると……

独裁タイプの意向を前向きに理解できず、期待に応えられそうにないことで、「自分には無理だ」と自信をなくします。

「べき思考」が加わると……

自分の考えがどうであろうと「みんなの意見に耳を傾けるべきだ」と、独裁タイプのやり方に強い不満を感じてしまいます。

「完璧思考」が加わると……

スピードを求める独裁タイプの指示に対し、チームメンバー全員の了承を得ないといけないと思い、結果としてスピードが遅くなり、関係が悪化することもあります。

私の知人の部長さんで、「迎合タイプ」で「完璧思考」の人がいます。

部長はあるプロジェクトの責任者となり、今後の方針を決めるべく、取引相手先の担当者とリモート会議を開催することになりました。

取引先の担当者は独裁タイプの人だったので、一方的に話の展開を急がれると、自社スタッフの意見が反映されないと考えた部長は、

「リモート会議にうちのスタッフも参加させていいですか？」と尋ねました。

先方の担当者も情報を共有しておきたい直属の部下をひとり参加させたかったので、部長の提案を快諾しました。

そしてリモート会議当日。なんと部長の会社からは、部長のほか8人ものスタッフが会議に参加したそうです。

そして先方からひとつ提案があると、そのたびに部長がファシリテーションをして自社スタッフ全員に意見を促し、全員の意見を尊重し、時間をかけてさまざまな議論を繰り返しましたが、方向性に結論は出なかったそうです。

みんなの意見を大切にしたい気持ちはわかりますが、ここまで船頭が多すぎては、決まるものも決まらないでしょう。

部長らしい話だなと思いましたが、会議中、先方の独裁タイプの担当者のイライラがつのったであろうことは、想像に難くありません。

POINT

「迎合タイプ」は、「独裁タイプ」の強引さを受け入れられない傾向がある

「感覚タイプ」が抱く「理屈タイプ」への苦手意識

□「感覚タイプ」の人から見た「理屈タイプ」の人

「相性マトリクス」の分類での「独裁タイプ」と「迎合タイプ」の組み合わせと同じように、「感覚タイプ」と「理屈タイプ」は、対角線上に位置している「相性の悪い」組み合わせとなります。

では、感覚タイプの人は、理屈タイプの人をどのように見ているのでしょうか？

感覚タイプの人は、理屈タイプの人に対して、

「いちいち細かくて面倒くさいんだよな……」

「やってみないと、どうなるかはわからないでしょ」

「これで絶対いけるのに、ほかにも選択肢をつくるの？」

「ダメだったら、すぐにやめればいいじゃん！」

といった苦手意識を抱いています。


理屈タイプの人が自分を納得させるために重視する客観的なデータ分析や慎重なものごとの進め方などが、どれも長所ではなく短所に見えてしまうのです。

□「感覚タイプ」の苦手意識に「認知のゆがみ」が加わると

感覚タイプの人の理屈タイプの人への苦手意識に、自分の「認知のゆがみ」が加わった際のストレスを見てみましょう。

たとえば「べき思考」が加わると……

理屈タイプの人の反応の悪さに対して、〇〇するべきなのに「なぜ、わからないんだ」「なぜ、認めてくれないんだ」「なぜ、任せてくれないんだ」といったストレスが溜まっていきます。

「完璧思考」が加わると……

自分は完璧にできると思っていることを、理屈タイプの人が〝確実性〟を執拗に確認してくる場合、「面倒な人だな……」と不満を持つことに。

「マイナス思考」や「読みすぎ思考」が加わると……

感覚タイプの人は普段は明るい人が多いのですが、気持ちのアップダウンも激しいので、理屈タイプの人にネガティブな印象を抱いてしまうと、一気に落ち込んでいくこともあります。

私の後輩に、「感覚タイプ」で「マイナス思考」と「読みすぎ思考」の両方の傾向がある人がいます。

自分が張り切って企画したプロジェクトを、理屈タイプの上司にいくら提案してもよい返事がもらえず悩んでいました。

後輩からすれば必要とは思えないような細かいエビデンスの提示を求められ、企画の練り直しや出し直しを何度も繰り返しているうちに、彼の新プロジェクトに対する意欲は日に日に低下していきました。


やがて、次のように思うようになったそうです。

「あの人には、何を言ってもムダだ」

「あの人と仕事をしてもモチベーションが上がらない」

「そもそも、あの人は自分を評価したくないのだ。何か裏に理由があるのでは?」

「もう、自分はここにいないほうがいいのかもしれない……。もっと、自分が輝ける場所に行きたい!」

相性の悪い理屈タイプの上司に対する、感覚タイプの部下が抱いた不信感が加速してしまった例です。

POINT

「感覚タイプ」は、「理屈タイプ」の慎重さに、融通が利かないと思う傾向がある

「理屈タイプ」が抱く「感覚タイプ」への苦手意識

□「理屈タイプ」の人から見た「感覚タイプ」の人

「相性マトリクス」の分類では、「感覚タイプ」と「理屈タイプ」は対角線上に位置する「相性の悪い」組み合わせです。

では前項とは反対に、理屈タイプの人は、感覚タイプの人をどのように見ているのでしょうか？

理屈タイプの人は、感覚タイプの人に対して、

「勢いはあるけど、エビデンスがないんだよな……」

「ケースバイケースなんだから、そうは言い切れないでしょ」

「ほかの選択肢も検討したほうがいいんじゃないかな？」
「失敗の危険性があるなら、もっと慎重にやらないと」
といった苦手意識を抱いています。

感覚タイプの人が大切にしている新しいことへの好奇心や積極的な行動力などが、どれも長所ではなく短所に見えてしまうのです。

□「理屈タイプ」の苦手意識に「認知のゆがみ」が加わると

理屈タイプの人の感覚タイプの人への苦手意識に、自分の「認知のゆがみ」が加わった際のストレスを見てみましょう。

たとえば「マイナス思考」が加わると……

理屈タイプの人からすれば「見切り発車」と思えるような決断に、「失敗したら、どうしよう……」「自分に非があると思われるのではないか……」など、様々な心配がぬぐえない状態に陥ります。

「完璧思考」が加わると……

納得できなくてもやらざるを得ない状況になった時、「完璧に対応しないとマイナスの評価をもらうのでは……」との思いから、疲弊してしまうケースがあります。

「読みすぎ思考」が加わると……

勢いや雰囲気だけで自分の主張を押し通そうとしているように思える感覚タイプの人に対して、「適当な伝え方をするなよ。部下のことをなめているのか?」といった疑念を抱いたりします。

私の取引先にAさんという、「理屈タイプ」で「べき思考」と「完璧思考」の両方の傾向がある人がいます。

Aさんの上司は、Bさんという感覚タイプの人。

私はある出来事について双方から話を聞く機会がありました。

Aさんは、上司のBさんからある新規の仕事を頼まれます。

Aさんは普段から不満を持っていました。

「Bさんの指示が雑なので、やりなおしが多く大変です」と。

一方Bさんは、Aさんに対して不満を持っていました。

「とにかく、やることが遅いんですよね。はっきり言って、私は我慢しています」と、こちらも悩んでいました。

それからしばらくして、Aさんがペースこそゆっくりでありながらも、着実に進めていた仕事が大ブレークを果たしたのです。

大成功で全社的に注目を浴びる存在となったAさんでしたが、

「自分はやるべきことをやっただけ。次につなげられるかの課題があるので、喜んでいる場合ではありません」と浮足立ってはいませんでした。

一方、「私は我慢しています」とぼやいていた上司のBさんは、「やっぱりAは、私が見込んだだけのことはある。私のアドバイスもよく聞いてくれましたしねえ〜」と上機嫌でした。

AさんとBさんの人間関係は、何だかんだで上手くいっています。

POINT

「理屈タイプ」からは、「感覚タイプ」の持ち味である好奇心や行動力がいい加減だと見える傾向がある

「相性のよい」とされる組み合わせとは？

□「同じタイプ」と「隣同士」の「相性はよい」が……

コミュニケーション上の話であれば、一般的に「同じタイプの人」は「相性がよい」とされています。

また、「相性マトリクス」の分類で、上下と左右の隣同士に位置しているタイプも近いので、「相性のよい」組み合わせとされています。

理解できることが多いからです。

次のページの図を参照してください。

言い換えると、斜め以外は「やりやすい関係」というわけです。

相性のよいとされる関係

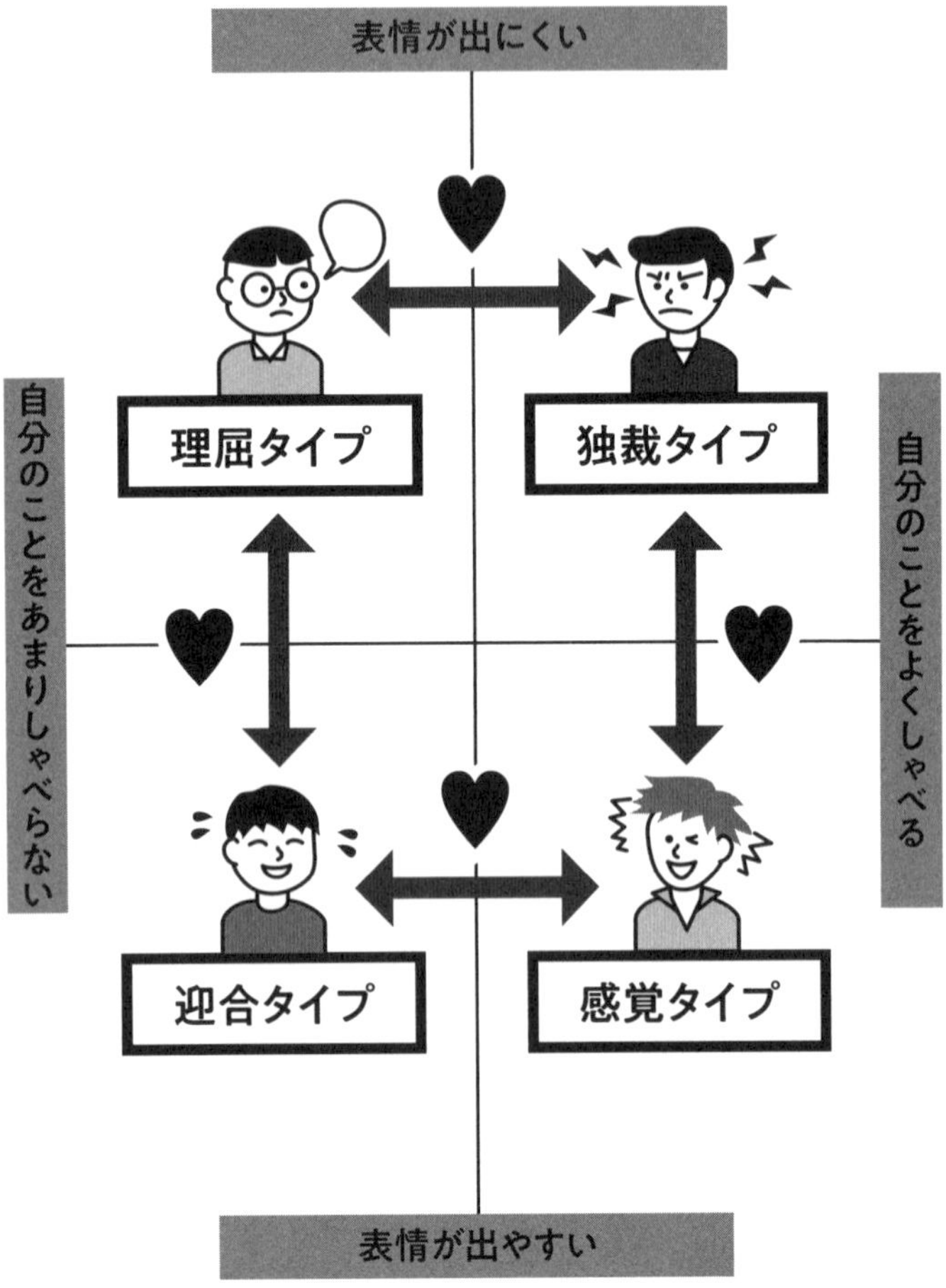

しかし、相性のよい組み合わせが、ベストな組み合わせかといえば、そうではありません。

たとえば、独裁タイプの人ばかりがいる会社は怖くありませんか？

また、迎合タイプの人ばかりの会社は、居心地は悪くなくても、仕事は一向に進まないかもしれません。

□ホンダにおける本田宗一郎と藤沢武夫の補完関係

有名な例を挙げると、ホンダの創業者で天才的な技術者だった本田宗一郎さんと、ナンバー2の名参謀で経営面を任された藤沢武夫さんの組み合わせがあります。

本田宗一郎さんは典型的な「感覚タイプ」です。

新しいもの好きの技術者で、その好奇心旺盛なバイタリティが「世界のホンダ」の源泉でしょう。また、講演などでは話を盛っておもしろく脚色し、多くの聴衆をひきつける魅力的な人です。それに対して、藤沢武夫さんは非常にアナリティカル、冷静沈着な「理屈タイプ」でした。エネルギッシュな一方で暴走しかねない本田さんの意向に、経営面から的確なブレーキをかける役割を担った人です。

「感覚タイプ」と「理屈タイプ」なので、本来は「相性が悪い」組み合わせです。

おふたりは普段から「べったり」の関係ではなかったようですが、まずお互いを認め合った上で、「長所を伸ばして短所を補う」という理想的な補完関係を築かれていたのだと思います。

□「苦手な人」はいないよりいた方がよい？

会社などチームや組織を構成するなら、「苦手な人」がメンバーにいた方がよいと私は思っています。一見、この本のテーマに反するようですが、この本では「苦手な人」が「過度なストレス」にならないようにする対処法をご紹介しているので、「いない方がよい」ということではありません。

私が会社員だったころの話です。

「感覚タイプ」の私は、あるサービスのプロジェクトを中部地方の中心都市である「名古屋」で大々的に展開すべく上司に提案しました。

上司は私と相性においては対角線上にある「理屈タイプ」の人で、ＯＫを出してくれないばかりか、

「名古屋でやりたいと言うが、東京西部は調べたのか？」と質問するのです。

「東京西部？　それは調べていませんが……」

上司の質問の趣旨すらわからず、唖然としながら私は答えました。

「じゃあ、納得できない」と上司。

しぶしぶ調べてみてわかったことですが、そのサービスは名古屋よりも東京西部の方が、マーケットが大きかったのです。

私は上司のアナリティカルな考え方に素直に敬服しました。**そして「苦手な人」が「自分の味方」にいれば、とても心強いということに気づきました。**

POINT

「相性のよい」組み合わせはあるが、チームや組織には「苦手な人」がいた方がよい

「相手のタイプ」を知るための簡単チェック

□相手のタイプを知って「対処法」に生かす

第2章を読んでくださった方は、「私が苦手な人は○○タイプかもしれない」と見当がついているかもしれませんが、それを確かめる簡単チェックをしてみましょう。

相手が「独裁タイプ」「感覚タイプ」「理屈タイプ」「迎合タイプ」の、どのタイプに近いかがわかれば、それに合わせて「対処法」を考えやすくなります。

これはあなた自身についても同様です。

自分がどのタイプなのかを知っておけば、招きやすい誤解を未然に防ぐなど人間関係のトラブル回避に役立ちます。

それでは、相手（自分）についての簡単チェックをしてみましょう。

ステップ①

28の簡単な質問に「はい」か「いいえ」で答えて、○をつけてください。

ステップ②

ステップ①で「はい」をチェックした設問について、設問ごとにA～Dの分類が記載されているので、分類ごとの「はい」の数を集計し、表に書き込んでください。

ステップ③

ステップ②で集計したA～Dの数を合計して、表に書き込んでください。

その上で、Aの合計からBの合計を引き（AマイナスB）、さらにCの合計からDの合計を引いて（CマイナスD）をしてください。

その数値を表に書き込んでください（数がマイナスになる場合もあります）。

ステップ④

「Ａマイナス Ｂ」の数をマトリクスのヨコ軸に。

「Ｃマイナス Ｄ」の数をマトリクスのタテ軸にとってください。

ふたつの数の交わった点があなたの「タイプの傾向」を示しています。

プラスマイナスの数字が大きい四隅（アミカケ部分）に当てはまる人は、それぞれのタイプの傾向が強い人です。反対に数字が小さい中央部分に当てはまる人は、偏りが少ないバランスタイプということができます。

ステップ①

	設問	○をつけてください		分類
1	会話をする時、目を合わせて会話をするほうだ。	はい	いいえ	A
2	会話をする時、目を合わせると少し緊張する。	はい	いいえ	B
3	あまり感情が表に出にくいほうだ。	はい	いいえ	D
4	喜怒哀楽がはっきり顔に出る、 感情がわかりやすいほうだ。	はい	いいえ	C
5	ミーティングでは、まわりの人の意見を 聞いてから口を開くほうだ。	はい	いいえ	B
6	ミーティングでは、自分から率先して 意見を出すほうだ。	はい	いいえ	A
7	淡々とクールな話し方をするほうだと思う。	はい	いいえ	D
8	抑揚をつけ、感情を込めた話し方を するほうだと思う。	はい	いいえ	C
9	どちらかというと、早口なほうだ。	はい	いいえ	A
10	どちらかというと、ゆっくりと話すほうだ。	はい	いいえ	B
11	仕事では、人の気持ちより 事実的かどうなのかを重視するタイプ。	はい	いいえ	D
12	仕事では、事実も大事だが、 人の気持ちや感情を大切にしたいタイプ。	はい	いいえ	C
13	「勝負ごとはあまり好きではない」と思う。	はい	いいえ	A
14	ライバルが登場すると張り切る。	はい	いいえ	A

	設問	○をつけてください		分類
15	「何を考えているのかよくわからない」とよく言われる。	はい	いいえ	D
16	「顔を見ているだけで何を考えているのかすぐわかる」と言われる。	はい	いいえ	C
17	せっかちなほうだ。	はい	いいえ	A
18	せっかちではない。	はい	いいえ	B
19	仕事の会話において、話が脱線するのは好きではない。	はい	いいえ	D
20	仕事の会話においても、話が脱線することも潤滑油と考えるほうだ。	はい	いいえ	C
21	第一印象では、ぶっきらぼうなので損をすることがあるかも。	はい	いいえ	D
22	第一印象は、親しみやすい人と見られていると思う。	はい	いいえ	C
23	人の話をさえぎってしまいそうになることがある。	はい	いいえ	A
24	人が話すのをさえぎれず、予定より時間が延長してしまうことがよくある。	はい	いいえ	B
25	スピードは速くないと思うが、丁寧に結果を出すことが得意。	はい	いいえ	B
26	ともかく早く結果を出すことが得意。	はい	いいえ	A
27	「仕事は仕事」と割り切って、黙々と仕事を進めていくタイプ。	はい	いいえ	D
28	みんなとのコミュニケーションを楽しみながら、にぎやかに仕事をするタイプ。	はい	いいえ	C

ステップ②

	○をつけてください		分類
8	はい	いいえ	C
9	はい	いいえ	A
10	はい	いいえ	B
11	はい	いいえ	D
12	はい	いいえ	C
13	はい	いいえ	B
14	はい	いいえ	A

	はいの数
A	
B	
C	
D	

	○をつけてください		分類
1	はい	いいえ	A
2	はい	いいえ	B
3	はい	いいえ	D
4	はい	いいえ	C
5	はい	いいえ	B
6	はい	いいえ	A
7	はい	いいえ	D

	はいの数
A	
B	
C	
D	

	○をつけてください		分類
22	はい	いいえ	C
23	はい	いいえ	A
24	はい	いいえ	B
25	はい	いいえ	B
26	はい	いいえ	A
27	はい	いいえ	D
28	はい	いいえ	C

↓

	はいの数
A	
B	
C	
D	

	○をつけてください		分類
15	はい	いいえ	D
16	はい	いいえ	C
17	はい	いいえ	A
18	はい	いいえ	B
19	はい	いいえ	D
20	はい	いいえ	C
21	はい	いいえ	D

↓

	はいの数
A	
B	
C	
D	

ステップ③

合計集計(設問1~28)

	はいの数
A	
B	
C	
D	

A-B (AからBを引く)

※マイナスの場合もあります

C-D (CからDを引く)

※マイナスの場合もあります

ステップ④

※CD軸が0の場合
仕事を進めるうえでビジネスライクであるなら(−1)を
そうではないなら(+1)にしてください

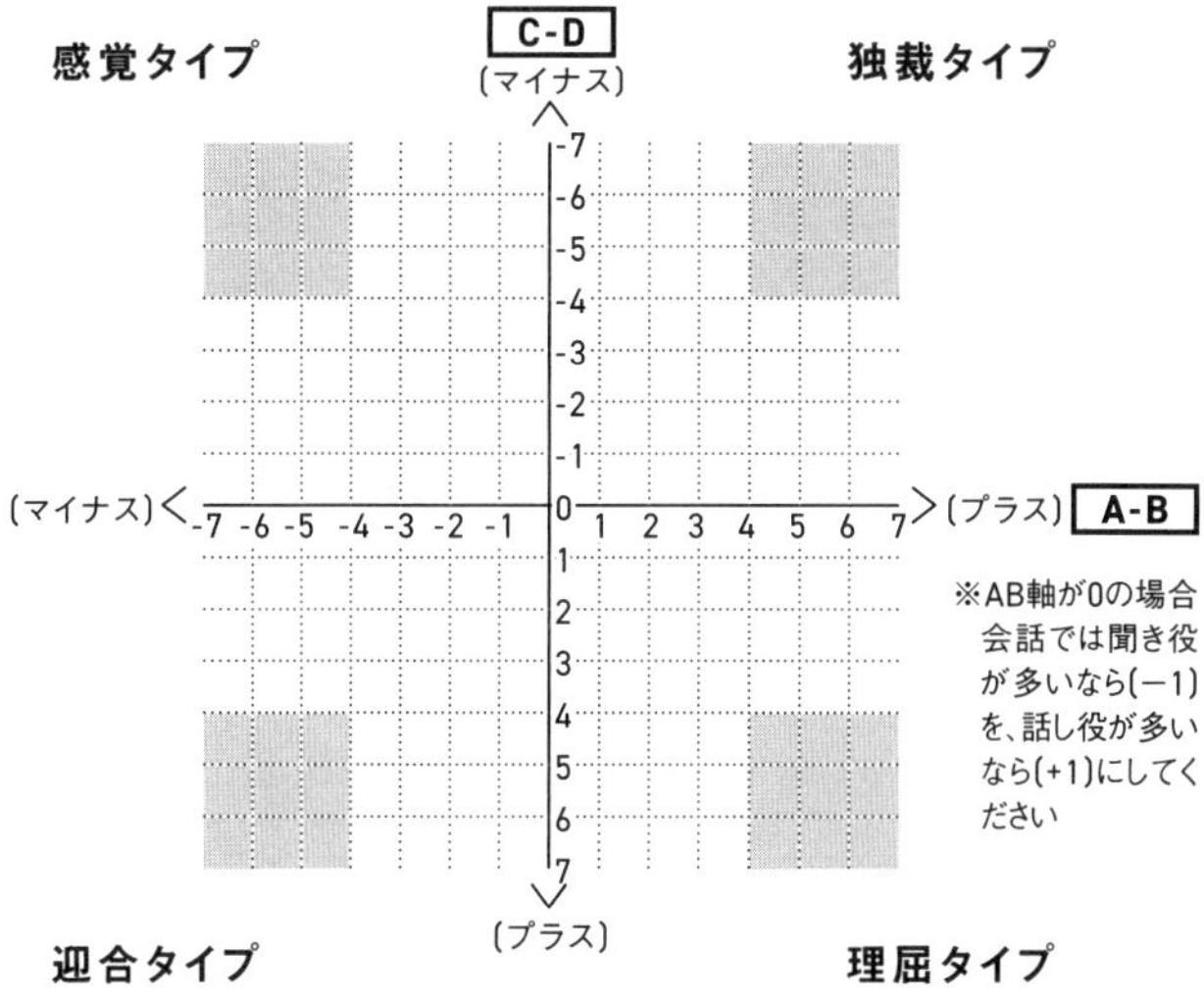

※AB軸が0の場合
会話では聞き役が多いなら(−1)を、話し役が多いなら(+1)にしてください

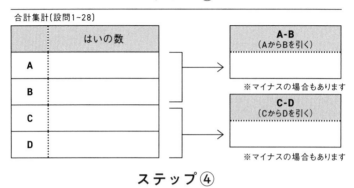

第3章

苦手な気持ち、どうしたら減らせる？

～「嫌い」がなくなる心理的テクニック～

「期待」しないことも大事

□「期待しない」のは、冷たいことではない

大学時代の親友で、びっくりするくらいワガママな奴がいました。居酒屋でも、「オレ絶対この席がいい」と言うような奴でした。でもなぜか、私も含め周囲の人も、ほかの人なら許せないのに、そいつのことは許せてしまう。

なぜなら、理屈抜きにいい奴だと思っているからです。

これも評価でしょう。

そしてさらに、大事なポイントがあります。

キーワードは、「期待」です。

他人に対しては、「普通はこうしてくれるだろう……」と期待するわけです。

でも、彼にはそのことを「期待」していないのです。

だって、人は変わりませんし、「期待」する方がおかしいですよね。


「期待しない」というと冷たく聞こえるかもしれません。

でも、そういうことではないのです。

使い分けなのです。


彼の活躍、彼の能力、彼の可能性には、期待をしています。

彼の人柄や、素晴らしさを知っているからこそ、彼を信頼しているのです。

でも、「こうしてほしい」ということは、期待しないほうがいいと思うのです。

彼が、こちらが思ったように動いてくれるかというと、その局面においては、「信用」はしていません。


誰に対しても、そう簡単には、「思い通りには動いてくれないもの」と考えるのは、健全な関係を保つ秘訣だとつくづく感じます。

□私も、この方法でラクになりました

「なんで、こんなことができないのか」と相手に思うことってないですか。

私は、この事態によく遭遇します。

私には、「べき思考」があるので、特にそう感じるのでしょう。


先週、自宅の便座が故障したので家電量販店で便座を購入しました。

店員さんは、「この便座なら、どんなトイレでも設置できます」と愛想よく教えてくれました。そのやりとりから、相性タイプとしては、「感覚タイプ」だとわかりました。

さて、翌週、工事の日がやってきました。

すると、工事担当者が、「この形のトイレには取りつけられない」と言うのです。


私は、ここでこう思うわけです。

「やっぱりか……。ま、あのタイプだから、仕方ないか」と。

それ以上、特にイラつくことはありません。

イラついても、何も良いことがないからです。


そして、「やっぱり」と思ったのにも理由があります。

昨年、眼鏡を新調した時も同様のことがあったからです。

その眼鏡店の店員さんも愛想のよい、元気な50歳位の男性でした。

できあがった眼鏡の度数が、違っていたのです。

原因は、彼の思い込みです。

この時も、こう思いました。

「やっぱりか……。ま、あのタイプだから、仕方ないか」と。


期待をしていないので、クレームや、チクリと不満を言うことはありません。

むしろ、いつものように丁寧に接します。

クレームや不満を言う目的は、「次回は、二度とないようにしてほしい」ということでしょう。

もし、次回、その店員さんから購入することがあれば、こちらが念には念を入れて確認すればいい、と考えるからです（合理的に考えると、その店に行くことはないでしょうが）。

ひょっとしたら、「腹黒い」と思われたかもしれませんが、これ、普通です。

人間関係を円滑にやっている人のルールです。


あの明石家さんまさんも、対談でこう言っています。

「さんまさん、人に対して怒らないですね」

「怒っても仕方ないからな。俺を苛立たせる奴って〝アホ〟やと思ってるねん。

また、俺自身も、人を怒る資格がないと思っているからな」と。

相手に対し、過度に期待しないのは、人間関係の上手い人の習慣なのです。

POINT

過度に期待しないから、やさしくなれる

「セルフトーク」法というすごい技

“秒”で悟りを開く

でも、相手に期待をするな、と言われても、すぐにできる人はいません。
そこで、効きめのあるすごい技を紹介します。
ストレスコーピングの「セルフトーク法」です。

セルフトーク法とは、「認知のゆがみ」を矯正するテクニック。
ストレスを感じた際、相手が悪いのではなく、評価に原因がある、と何度も述べてきました。セルフトーク法は、一見すると変えるのが難しい「評価」を、一瞬で整える方法です。

明石家さんまさんの「俺自身、人を怒る資格がないと思っている」も、セルフトークです。ご本人が、「セルフトーク法」をご存じかどうかはわかりませんが、そのように〝心でつぶやく〟ことで、一瞬にしてスルーしていることがわかるでしょう。

この〝心でつぶやく独り言〟のことを、ストレスコーピングでは「セルフトーク」と言います。さらには、別の見方に気づけるようになる「セルフトーク」をつぶやくことで冷静になれる技術のことを、「セルフトーク法」と言います。

ちょっと、ややこしいですよね。整理しますね。


「セルフトーク」……………〝心でつぶやく独り言〟のこと。

「きちんと確認しろよ……、ありえない」

「自分勝手なヤツだな……、ムカつく〜」など。

「セルフトーク法」………別の見方に気づけるようになる「セルフトーク」を
心の中でつぶやくことで冷静になれる技術。

「完璧な人ばかりじゃないしね」

「自分勝手なヤツだからこそ、こちらもラク」など。


いわば、セルフトーク法は、自分につっこみを入れる「セルフつっこみ」です。

専門的には、「セルフつっこみ」のことを〝反駁《はんばく》〟と言います。

1章で、「自動思考」の話をしました。

考えずとも、自動的にそう考えてしまう習性のことです。

このセルフトーク法を用いると、新たな「自動思考」に似た回路をつくることができるのです。


あなたが、「あの上司の言い方、いつもイライラするな！」と思ったとしますね。

でも、「いつもとは断言できないよね」といったセルフトークを常に使うようにしていたとしましょう。

その瞬間に「〝いつも〟……ではないよな」と自動的に気づけるようになる、それがセルフトーク法なのです。

こんなエピソードを紹介しましょう。

ある新聞社が、とある宗教のことを非難する記事を書いたことから、訴訟問題に発展した事件がありました。

実際に、そのような事実はなく、新聞社の確認不足だったことが発覚。

新聞社の敗訴が決定した時、その宗教家は、

「火のないところに煙は立たない。捏造された我々にも落ち度はある。むしろ、反省の機会をくれた新聞社に感謝している」

と言ったそうです。

悟りの境地のように思えませんか。

私は宗教家ではなく、ストレスコーピングのコーチ（研修講師）ですので、こう思うわけです。

「これ、まさに、セルフトークじゃん」と。

「多分、〝何事にも感謝せよ〟的な教義があるのか」と。

われわれは、宗教家になる必要はありません。

また、悟りを開くとしたら、長い人生のその先でいいようにも思います。

でも、**達観できずとも、セルフトーク法を用いることで、自分が考えたセルフトークを〝よりどころ〟にできることから、常にフラットな心理状態にしやすくなるのです。**

POINT

達観できずとも、セルフトーク法を用いれば、常にフラットな心理状態になれる

あなたにフィットする「セルフトーク」をつくってみる

□タイプ別のセルフトーク

セルフトーク法を実践するための最初のステップは、マイナスのセルフトークに対し、自分の思い込みを打ち消しやすい「自分だけの〝マイセルフトーク〟」をつくることから始めていくとよいでしょう。

セルフトークは、心のクセ（認知のゆがみ）と密接な関係にありますので、自分のタイプを考慮することで効果的なセルフトークを作りやすくなります。

「べき思考」なら、「べきでしょ」と心でつぶやいているでしょうし、
「マイナス思考」なら、「どうせ……」「でも……」とつぶやいているでしょうし、
「完璧思考」なら、「マズい……」「ダメだ……」とつぶやいているでしょうし、
「深読み思考」なら、「そんなはずはない」とつぶやいているでしょう。
まず、これらを打ち消すセルフトークを考えるのです。
では、タイプ別の対処法をみていきましょう。

「べき思考」にフィットするセルフトークの作り方

まず、「普通ならこうあるべきなのに！」と考えてしまう「べき思考」。
このタイプの人は、ふたつの方向で考えるといいでしょう。

【方向性】

・他人の多様性を認める。
・他人に対して余裕を持つ。

【私の研修で、受講者がつくったセルフトーク例】

・それもアリか。
・自分とは違って当たり前。
・急いだところで、そんなに差はない。
・イラついても仕方ない。いつかは、みんな死ぬので。

【エピソード】

・上司から厳しいことを言われた時に「それもアリか」とつぶやき、自分の多様性を広げるトレーニングをしてる人もいます。
・ある課長さんは「イライラしても仕方がない。いつかはみんな死ぬので」とつぶやき、他人に対して余裕を持つトレーニングをしていました。

この言葉には会場にいたほかの受講者も大笑いでしたが、どのタイプの人にも当てはまる傑作ではないでしょうか。

「マイナス思考」にフィットするセルフトークの作り方

事実をありのままに見る、自分の可能性に目を向ける、というトレーニングの場にしてみるといいでしょう。

【方向性】

・事実をありのままに見る。
・自分の可能性に目を向けてみる。

【私の研修で、受講者がつくったセルフトーク例】

・プロの4番打者でも7割はアウト。
・失敗はプロセスゆえ、学べることは多い。
・出来ないことが多いから、成長の余地が大きい。
・慎重さも強みのひとつ。

【エピソード】

・上司の厳しい言葉に自信を失っていた方がいました。「このままでは、人事異動で飛ばされるかも」と。でも、プロ野球選手の「強打者でも打率は3割」であることに気づかれたのです。さらに、ユニクロの創業者、柳井正さんの「1勝9敗でいい」といった有名な言葉を思い出し、失敗を恐れてはいけない、と言い聞かせるべく、「プロの4番打者でも7割はアウト」を自分のセルフトークにされていました。

「完璧思考」にフィットするセルフトークの作り方

緊張ほぐすことと、あえて引き受けないということも、じつは大切なトレーニングになります。

【方向性】

・緊張をほぐす。
・引き受けない。

【私の研修で、受講者がつくったセルフトーク例】

・3割はアドリブで大丈夫。
・70点主義で行こう。
・断るのも仕事のうち。
・休むのも仕事のうち。

【エピソード】

・部下に仕事を任せたいと思いながらも、どうしても頼りなく見えてしまい、つい自分でやってしまう方がいました。私の研修に参加された際、同僚との意見交換で「70点レベルでもいいので、どんどん仕事を任せている」との話を聞き、自分もそうしたいと思ったそうです。その方のセルフトークは、そのまま「70点主義で行こう」になりました。

「読みすぎ思考」にフィットするセルフトークの作り方

嫌なことがあった時、深読みし、「評価」をあらぬ方向に変えてしまうのがこのタイプのクセ。

その評価を悪い方に向けないようにするためには、「強い信念を持つ」「受け流す」方向で考えるといいでしょう。

【方向性】

・悪い方に考えない「強い信念」を持つ。
・受け流す度量を持つ。

【私の研修で、受講者がつくったセルフトーク例】

・受ける指摘は成長の肥やし。
・詮索より、事実を優先。
・ムカつくだけ損。
・批判されても、損をしているわけでない。

心のクセ別のセルフトーク

べき思考
他人の
多様性を認める
それもアリか
他人に対しての
余裕を持つ
いつかは
みんな死ぬので
マイナス思考
事実を
ありのままに見る
プロでも
7割はアウト
自分の可能性に
目を向けてみる
失敗は
プロセス
完璧思考
緊張をほぐす
70点主義で
いこう
引き受けない
断るのも仕事のうち
読みすぎ
強い信念を持つ
指摘は成長の
肥やし
受け流す
ムカつくだけで損！

【エピソード】

・「本当にそうなのか……」と常にいろいろなことを考える方がいました。論理的に考える上では不可欠の考え方なのですが、それが悪い評価に向かう傾向がある方でした。「褒める人は信用できない」、それが彼女の思考のクセでした。

「褒められると、何か魂胆があるに違いない」と考えてしまうそうなのです。

でも、そんな自分自身が嫌になることもあったそうです。

そこで、「詮索より、事実を優先」といったセルフトークを試してみたのです。

彼女は気付いたと言います。「確かに、褒められる時、褒められるべき理由がないわけではない」と。

□自分にフィットするセルフトークをつくる

これらのセルフトークは受講生の方々がつくったものなので、必ずしもあなたにフィットするわけではないと思います。自分がどのタイプかを把握したうえで、自分なりに複数のセルフトークをつくってみてはいかがでしょうか。

私の研修では、それぞれ3つぐらいのセルフトークを考えています。

名言から持ってくる人もいますし、漫画や映画のセリフ、先生や親御さん、先輩から聞いた言葉を使う人もいます。それを好きにアレンジしてもいいです。苦手な人が現れたら、自分に合ったセルフトークを使って繰り返しトレーニングしましょう。

POINT

複数のセルフトークで捉え方を変えていく

すごい人に、ビビってしまう

□自己肯定感を上げる必要はない

自分より目上の人、または自分より優秀な人を前にすると萎縮してしまうことはないでしょうか。

私がストレスコーピングをいいなと思うのは、自己肯定感を上げる必要がないという点です。ストレスコーピングは「捉え方を変える」ことがメインだからです。

すごく見える人も、普通の人でしかない。

そのように、捉え方を変えられるようになるのが、ストレスコーピングなのです。

若手の研修受講者からよくいただく質問が、あります。

「相手が部長などの目上の人だと、ビビってしまいます……。

営業時代、伊庭さんは、どのように乗り越えたのですか？」


もちろん、受講者は困惑の表情を浮かべます。

「私は、そんな時こそ、チャンスだと思っていた」、と回答しています。

そこで、こんな質問を投げます。

「どうしてだと思いますか？」と。


答えは何だっていいのです。

自分がどう捉えるのかを考える機会になればいいからです。

色々な回答が出てきます。

「自分もプロである、ということでしょうか」

「メンタルを鍛えよ、ということでしょうか」

「すごいと思われる行動をとる、ということでしょうか」

私は、答えます。

「まさに」と。

どんな答えでも、「まさに」です。

自分が、どう捉えるか、がカギだからです。私と違っていいのです。

もし、あなたも同じ悩みがあるのなら、「どうして、チャンスなのか」と、ぜひ考えてみてください。

きっと、新たな捉え方ができることでしょう。

私が、ビビらなくなったわけ

そういう私も、目上の人に遠慮をしてしまうタイプでした。

でも、母親の言葉を思い出し、その思いを払拭できました。

母親は喫茶店を経営しており、学生だった私に何気なく言っていたセリフです。

「経営者には誰もがなれるけど、会社員はすごい。選ばれないとなれないプロ」

「部長もヒラも一緒。どちらも〝雇われ〟だから同じ立場の仲間」


経営者だからこそ、見えていた景色だったのだと思います。

会社員だと、なかなか、この当たり前のことに気づけないものです。

そう思うようにしたことで、かなり気がラクになったものでした。

また、母はこの方向のセルフトークをいくつか持っていました。

かなり行儀が悪い言葉であることをご容赦ください。


「部長も課長も、〝目くそ鼻くそ〟の差」

「役職は身分ではない。ただの役割」

「会社で働く人は、オーナーか、雇われ、のどちらかである」


行儀が悪いセルフトークですが、これらをつぶやくだけで、萎縮しなくなりましたので、セルフトークに感謝しています。

また、優秀な人材ばかりが揃っている部署に異動になったことがありました。

いわゆる有名国立大学の卒業者が多く、頭がいいだけではなく、仕事のセンスも抜群という連中でしたので、萎縮しそうになっていたのです。

そんな時は、こう思うようにしていました。

「人は人。自分は自分。違って当たり前」

「自分の〝らしさ〟で勝負しよう」

「考えても仕方ない。誰もそんなことは気にしていない」

こう思ったことで、すぐに馴染めました。捉え方は本当に大事だな、と実感したものです。

POINT

すごい人は、あなたがすごいとかいかぶっているから。そう思える、あなたの方がすごい

冷静になれる「セルフカウンセリング」

□第三者の視点でカウンセリング

ちょっと、想像してみてください。
あなたの親友が、あなたにこう言ったとします。
その時、あなたは、どう返しますか?
「今の職場の先輩が、段取り悪いんだよね。
ストレスなので、職場を変えようかな……と思っているんだよね」

きっと「そういう人ってよくいるよ」とか、「あえてコミュニケーションを取ってみたら、むしろチャンスになるんじゃない？」とか、いろいろなアドバイスをしてあげられるのではないでしょうか。

でも、当事者になると、意外とそれに気づけないものなのです。

他人には些細に見えることが、当事者には、たまらなくツラいということはよくあること。私は、メンタル不調に陥る原因のほとんどは、このパターンから来るのではないかな、とも思っています。

自分に対してはできないのに、第三者に対してはできるから不思議ですよね。

そこで、紹介したいのが、「セルフカウンセリング」です。

臨床心理士のやり方で、ツラい境遇に置かれているのが自分ではなく、大切な人だったらどのように声をかけるだろうかと想像する手法です。

たとえば、苦手だと感じる人が目の前に現れたとします。

どう考えてもしんどい。冷静に捉えられない。
セルフトーク法をやってみても、なんだかまだモヤモヤする。
そんな時には、セルフカウンセリングを実践してみるといいでしょう。
「苦手な人」「嫌な人」へのストレスが、軽くなるはずです。

□励まそうとするからポジティブな言葉が出てくる

セルフカウンセリングのステップを紹介します。

【ステップ1】今までで楽しかったこと、良かったことを思い出す

旅行でもいいし、デートでもいいし、趣味でもいいです。自分がポジティブになれることを思い出します。これはネガティブな状態をいったんリセットして、フラットな状態にするためです。リアルに想像するほど、効果が出ます。

【ステップ2】自分にとって大切な人を想像する

家族など近すぎる人は感情移入してしまうので、やめた方がいいでしょう。友人や仲の良い後輩や先輩、同僚ぐらいがベスト。具体的にひとりを特定します。

【ステップ3】その人が自分と同じ境遇になっていることを想像する

その人が自分と同じ境遇で悩んでいる姿をリアルに想像します。

【ステップ4】その人にどのような言葉をかけてあげるかを考える

この時、たいていの人は相手を励まそうとします。「そういう人ってどこの職場でもいるよ」「反面教師として、むしろ勉強になるんじゃないのかな」「一度、話し合ってみたらいいのに」など。

【ステップ5】その言葉を自分に向かって投げかけてみる

最後は、その言葉を自分に投げかけます。すると、今までの悩みが思った以上に些細なことであることに気づける効果があります。

セルフカウンセリングは、私自身もやってみて効果を感じています。

「むしろ、勉強の機会だ」
「キャパシティを広げるチャンスじゃん」
「会話すれば解決する」
「彼に悪気はないよ」

このように、セルフトークのネタがどんどん出てくることも実感しています。

POINT

大切な人に言葉をかけるようにして、第三者の視点で自分に言葉をかけてみる

メンタルが、弱る前に

誰にも相談できないなら

他人の中には口が軽い人もいるので、誰かのグチは無闇に言わないほうがいいでしょう。

でも、あなたのことを支えてくれる家族や、親友には言った方がスッキリするものです。私もそうしています。

ところが、言いたい時に何でもかんでも言えればいいのですが、そうはいきません。就寝中の家族をたたき起こして会話することはできませんし、親友に負荷をかけるわけにもいきません。ましてや、相談する人がいないということも少なくないでしょう。

なので、ひとりでそのストレスを抱え込んでしまい、寝つきが悪くなり、気がつけば、メンタルが弱ってくるといったことは、よくあること。

そんな時こそ、やってほしいことがあります。

「モヤモヤをノートに書き出す」ことです。

エクスプレッシブライティングという手法なのですが、かなりラクになります。

心のモヤモヤを洗いざらい可視化することで、心の中にある「よどみ」をノートに吐き出す方法です。

私も、しょっちゅうやっています。

私はいつでも書き出せるよう、書斎と寝室にノートを置いています。

過去分も読み返せるように残してます。

ちなみに、私が書いた15年前の記述はこんな感じ。

「まったく話を聞かない上司の姿勢はありえない。

アホちゃうか、とも思う。

我慢できて、あと2年かも。ふざけるな、と言いたい。

（中略）一方で、彼の視点で考えると、どうだろう。

彼は、自分に対して、何らかの物足りなさを感じているのだろう。

ということは、この問題は何か……。

上司の姿勢は気に入らないが、問題は、〝その物足りなさ〟を私自身、自覚できていないことではないか……」


正直に文句を洗いざらい書くと、自分はこういうことにモヤモヤしているんだなというのが見えてきます。でも、途中から「別の視点で考えるとどうだろう」と考え始めると、さらにいろいろなことが見えてきます。

やり続けて、わかったことがあります。

ほとんどの「許せないこと」「ツラいこと」は、時間が経てば、たいしたことではなく、むしろ「今後の自分にとって、とても意味のあること」ということです。

今では、その上司に対して感謝しかないので、エクスプレッシブライティングをやっていてよかった、と思います。

□ 誰にも見せないから、大胆に書ける

エクスプレッシブライティングのポイントは、人に見せない前提で今の気持ちを正直に書くこと。カッコつけたらダメです。ノートを読み返してみて、冷静になれなかったら、また翌日も書く。冷静になれるまで続けてみましょう。

吐き出さないと、メンタルに悪い、私はそう思います。

過去に書いたものをストックしておくのも大切です。のちに読み返してみると、「こんなことで悩んでいたのか」と過去の自分がかわいらしく見えます。

「今、悩んでいる苦手な人もたいしたことはないし、むしろチャンスになるかも」と

思えてきます。

単に文句を書いてすっきりするのではなく、「これをどう捉えるか」と問いかけるので、きっとポジティブな着地をすることができるでしょう。

POINT

心の「よどみ」をノートに書き出すと、違う見方ができるようになる

第4章

苦手な人とは争わない

～「争わない」コミュニケーション術を身につける～

「相性マトリクス」別、対処法を身につける

□相性を「合わせる」テクニックを手に入れる

どうしても理解が難しい人はいるものです。

第2章でもお伝えした「相性マトリクス」を使うことで、いかなる人とでも相性を合わせられるようになります。

私は、この手法を用いて30年くらいになりますが、人間関係のストレスは激減したと確信しています。

実は、同じ時期に私の妻もこの手法を学んでいます。

そのためか、夫婦喧嘩らしい喧嘩をしたこともありません。

相手のタイプを把握しておくことの効果を実感しています。

先日、妻が私にこんなことを言ってきました。

どうやら通っているクリニックの先生が、かなり高圧的で、そのやりとりが心地よくなかったという話でした。

患者の話を全く聞かず、「こうだから、こうしなさい」という、そんな診察だというのです。しかも、質問をすると、「だから、言ったと思うけどね」といった言葉をひと言つけ加えるというのです。

そして、彼女はこう言います。

「まあ、あのタイプだから、仕方ないけどね」と。

まさに、これがこの章で紹介したい、「相性の合わない人とは争わない」テクニックです。**ストレスの要因を「人」に置かず、「タイプ」に置くと、人に対するストレスが一気に解消します。**

かつて、私も彼女も同じ会社で営業をしていました。その時の対人対応力を高める研修の一環で、「ソーシャルスタイル理論」を学習しました。

それまで、苦手だな……と思っていた相手の心理を理解することで、どんな上司でも、どんなお客様であろうが、それほどストレスを溜めることなく、対処できたことを実感しています。

そして、私はこの理論の効果を広めたいとの思いから、「株式会社らしさラボ」を設立し、「ソーシャルスタイル理論」の研修を提供しています。

受講された方から、「人間関係がラクになる」「こちらのコミュニケーションの取り方次第であることに気づいた」などの声をちょうだいしています。

冒頭でも申しましたが、この本で紹介する「相性マトリクス」というのは、このソーシャルスタイル理論から「苦手な人間関係を解消」することを目的に、より実践的に整理したセオリーです。

どのタイプの人とでも相性を合わせられる
スキルを持つことが重要

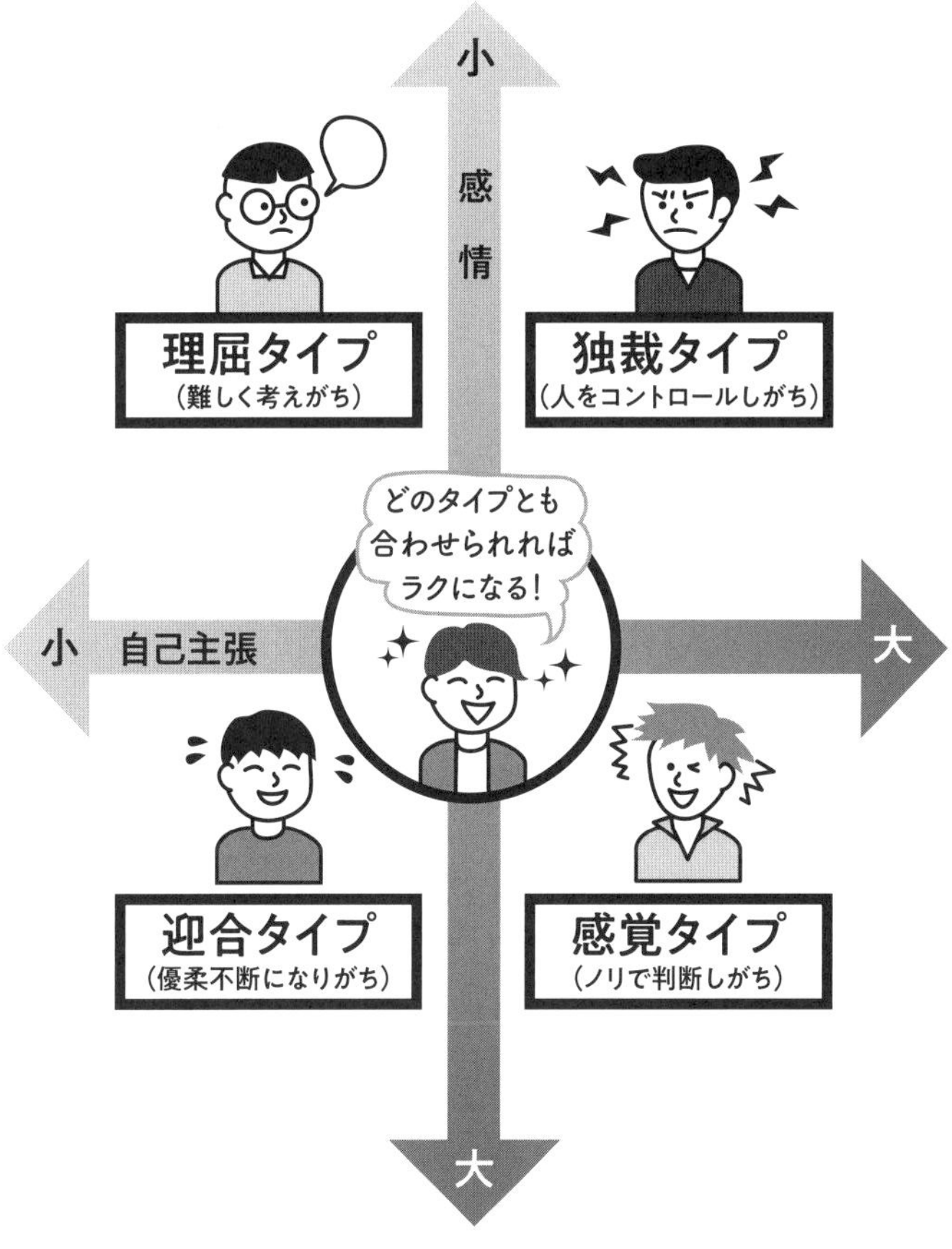

ここからは、さまざまな事例を多く交えながら、余すことなく、実践テクニックを紹介していきますね。

POINT

苦手な人と争わないためには、各タイプの特徴に合わせた対処法で攻略

強引でもいい。すべての人を「4つのタイプ」に振り分ける

複雑さが絡み合う人間関係

「人を４つのタイプに分けるなんて、雑すぎるのでは」と言う人もいます。

そりゃそうです。世の中の人を４つに分けるのはさすがに雑です。

それでも、たった4つに分ける目的は、問題をシンプルにするためなのです。

実は、問題解決力のある、いわゆる頭のいい人、常に結果を出す仕事のできる人には、ある共通する特徴があります。

それは、複雑な問題を「解決できるシンプルな問題」に仕立て直す力です。

彼らは、そう簡単に「でも、むずかしいよね」と言いません。

彼らに共通する考え方は、「こうすれば、誰もが解決できるのでは」と、問題を仕立て直していることです。


人間関係も一緒。

人それぞれだし、と考えると「でも、むずかしいよね」となりやすいのですが、「彼はこのタイプだろう。だとしたら……」と考える方が、問題が解決しやすくなるわけです。

なので、特に複雑さが絡み合う人間関係においては、あえて大きく4つのタイプに分けてしまった方がいいのです。

「言うことがコロコロ変わるな……。まあ、あのタイプだからしかたないか……。だったら、振り回されないよう、あの手を使おうか」

こんな感じ。

各タイプの特徴を知って、それに合わせた対応をすることができれば、苦手な人と争わなくても済むようになりますので、ぜひ確認しておきましょう。

POINT

4つのタイプに当てはめることで、対策がシンプルになる

コントロールしてくる人には、ビジネスライクに

ムダが嫌いな「独裁タイプ」

ムダを嫌い、合理的に進めたい思考が強いのが、このタイプの特徴。印象としては、あまり感情を表に出さず、淡々と早口で話すので、クールまたはドライな印象を与えます。

口癖は「そんなことはムダでしょ」「で、結論は?」、など。主張が明確なので、相手をコントロールする傾向が見られます。

せっかちで負けず嫌いの人が多く、**仕事では時として厳しい判断を辞さない面もあ**

ります。結果を出すことを第一に考える人たちなので「このやり方でできなければ、メンバーを変えてもいい」と冷静に判断するタイプです。

有名人だと、
・ドナルド・トランプさん
・ひろゆきさん（西村博之さん）
・永守重信さん（ニデック 創業者）、など。

先ほどの妻が言っていたクリニックの先生も、まさにこのタイプ。
彼女が、「このタイプだから仕方がない」と言ったのは、まさに先生の口グセがこのタイプの特徴だったからです。

□ こちらも、相手のトーンに合わせて淡々と聞く

相性を合わせるコツとしては、まずそのタイプの人たちが何を一番大事にしている

かを理解することです。

独裁タイプが大事にするのは、

・「合理的に目的を達成したい」

・「勝ち負け」や「結果」にこだわる、といったこと。

一方で苦手なことが、

・「ムダ」な会話（結論のない会話、関係のない会話）

・「ムダ」な仕事（結果に影響しない業務、意味を感じない会議）

・「のんびりした」進め方（納期があいまい、役割が不明確）など。

ゆえに、このタイプに対する対処法としては、次の点。

・自分の意見を言う前に、まず相手の話を聞く

・仕事においての会話では、関係のない話をしない

・相手にとっての「メリット」を最優先する

・曖昧な表現を用いず、明確に言い切る

（「なるべく早く」、「急いでやります」では、伝わらない。「明日の13時までに」、といったように具体的かつ明確に伝える）

このあたりに留意をしておくと、苦手な人がこのタイプの場合も、対応しやすくなります。

私も何度か救われました。

営業時代のこと。お客様でもあったパチンコチェーンの経営者が、まさにそのタイプだったことがあります。

その会社は、「毎月20日の13時に訪問」して、現金で代金を受け取ることになっていたのですが、経営者と会話ができるのは、その代金を受け取る「数秒」のみなのです。

なんとか頑張って会話をしようとすると、「次の人がいるので」とさえぎられる、そんな状況でした。これでは関係構築ができません。

そこで、考えたのが、「人材育成に役立つ資料をプレゼントする」という作戦。

このタイプは、「仕事の成果」には厳しく、「メリット」に敏感だからです。

集金の「数秒の瞬間」に、仕事に役立つ資料を渡すという作戦でした。作戦は成功。これをきっかけに、少し会話をしてくれるようになり、その数か月後にはお知り合いのご紹介をいただけました。

萎縮する必要はありません。このように相手のタイプに合わせる行動をとれば、より良好な関係が築けるのです。

POINT

コントロールしてくる人には、相手のメリットを最優先にして淡々と対応する

イエスマンにならないための方法

□「Yes－If法」で代替策を示す

この「独裁タイプ」は主張が強いので、なんでも「イエス」で対応すると、振り回されることになります。

独裁タイプへの対処法では「代替策」を示すこともきわめて重要です。

このタイプの人たちは、「もっと早く」「合理的に早く」と圧をかけてきます。

急いでやることはもちろん必要ですが、納期を曖昧にしたまま「すぐにやります」「なるべく早くやります」というのは、絶対にNGです。

まず、納期が曖昧だと、独裁タイプにはストレスになります。

かえって、あなた自身の首を絞めかねません。

ドナルド・トランプさんが上司だった場合を例にすると、こんな感じ。

「伊庭くん、これ、急ぎでやってよ」と言われたとします。

「わかりました。では、なるべく早くやります」と言うだけではダメ。

「なるべく早くって、いつ？」とイラっとされるでしょう。

ましてや、「わかった、では待ってる」と言われた場合は、お互いのスピード感覚が違うというリスクも生じます。私は「なるべく早く」を3日と考えているのに、トランプさんの「なるべく早く」は3時間かもしれないわけです。

ですから、独裁タイプとのコミュニケーションでは、トラブルを防ぐためにも納期を明確にすることがとても大事になるのです。


そして、要求に応えられない時は「Ｙｅｓ‐Ｉｆ法」で調整するのがセオリー。

この手法は、次の2ステップで切り返す話法です。
・いったんは「はい（Ｙｅｓ）」と、引き受ける姿勢を示す。
・次に「たとえば（Ｉｆ）」で、代替策を提示する。

こんな感じ。

「はい、かしこまりました。急いでやります」と言いながら、

「たとえば、いかがでしょう？　今、この件で立て込んでおりまして、明後日の午前10時までにご提示するという流れでもよろしいでしょうか」と提案するのです。

この話法を使うことで、言いなりになることなく、相手の気分を害することもないので、知っておいて損はないでしょう。

□「DESC法」で、配慮して伝える

「Yes－If法」では対応できないような、もっと丁寧な説明が必要なケースでは**「DESC法」を使ってみると、すんなりと行くことが多いです。**

DESC法とは、

・Describe（ありのままに描写する）
・Explain（自分なりの意見を示す）
・Suggest（提案する）
・Choose（選んでもらう）

これらの頭文字をとった話し方のテクニックです。

相手の感情にケアをした伝え方ができるようになりますので、社会人としては知らないとマズいといっても過言ではない話法です。

独裁タイプの部長から「伊庭君、AとBとCの業務を1週間でやってほしい。それをメンバーに伝えてくれ」と、指示が下りたとします。

ただでさえ、メンバーが忙しく、もし引き受けたら、メンバーからクレームが発生することが必至だとしましょう。こういう場合にこそ、DESC法の出番です。

〔Describe〕　かしこまりました。ご相談、よろしいですか？

丁寧な説明が必要なケースでは「DESC法」

DESC法で話すと、
すんなりと意見を主張できる

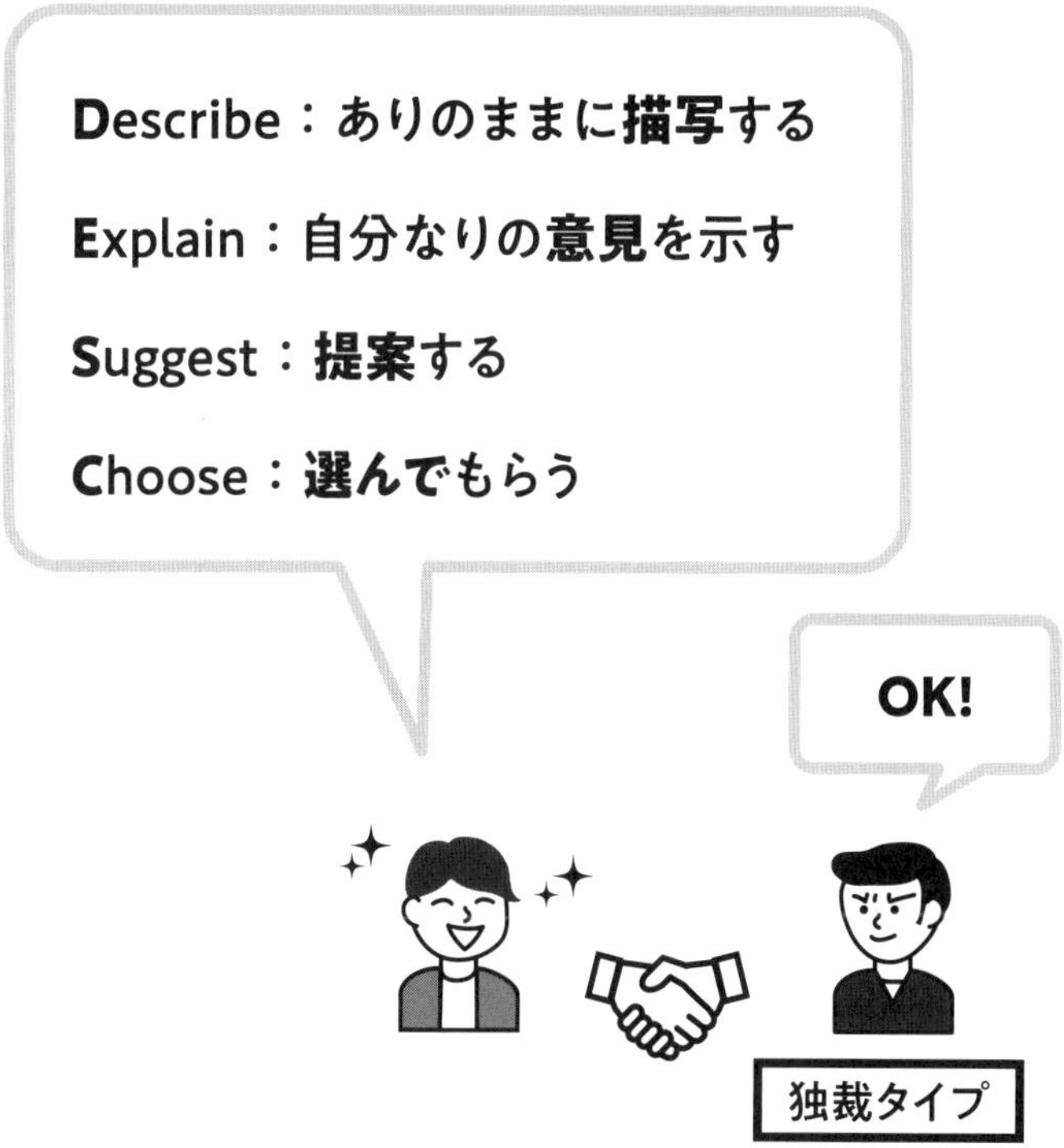

〔Explain〕　実は、今月に入って、○○の影響で、メンバーたちが休日出勤しなければ追いつかない状況になっています。

もちろん、急いでやるべき、と私も思っていますが、このまま現場に伝えると、体調問題や離職のリスクが出るように感じています。

〔Suggest〕　一度、彼らを交えて、どのようにするのがよいのか、話し合う機会を持つのはいかがでしょうか？

〔Choose〕　そうすることで、リスクも回避できますし、何より部長の意図がしっかりと伝わるように思うのです。

ポイントは、「目的を達成させるためにも、ご相談よろしいでしょうか？」という姿勢を示すことです。**独裁タイプは目的を大事にしているので、目的の達成が前提であれば話を聞いてもらいやすくなります。**

□「複数の選択肢」を示せ

独裁タイプに提案する時は、「複数の選択肢を用意する」こともおすすめします。というのは、**独裁タイプは「自分で決めたい」人なので、一案しかなければ「え、これだけ？」と不満に感じることがある**からです。

その一案がほんの少し自分の考えと違うだけで、「違うから、やり直してもらえる？」という方向に行きかねません。

ところが、A案とB案を持っていけば、流れは変わります。こんな感じ。

相手　「私はA案がいいと思う。ただ、ここだけ直してほしい」

あなた「かしこまりました。明日の10時までにお持ちしますね」

「自分で決めたい」「決定プロセスに自分が関与したい」というタイプなので、選択肢を与えることが効果的なわけです。
この気持ちを利用すれば、相手を立てながら決定まで導くことができるのです。

POINT

自分で決めたい「独裁タイプ」には、複数の選択肢を示すのが有効

コロコロ変わる人には、こちらも適当に

□あれ？　約束したはずなのに……

「感覚タイプ」はにぎやかで、よくしゃべりますが、その場のノリで決めてしまうことが多く、後になってから、コロっと話が変わってしまうことも多いのが特徴。

また、自分が話題の中心になっていたいタイプでもあり、自分のことを盛りながら面白く話すのもこのタイプの特徴です。

そのため行動を起こす瞬発力はあるものの、**変化を好み、目新しい方法に目移りしやすいことから、周囲が振り回されることもしばしば。**

「この店、良さそうじゃん。今度はこの店にしようね」と以前約束したにもかかわらず、まったく別の店を予約し、しかもそんな約束をしたことすらも話題にしない、そんな目移りしやすいタイプです。

その一方で、過去のやり方や常識にとらわれない、斬新なアイデアをどんどんと実行する推進力がある人が多いのもこのタイプ。

有名人だと、

・小泉純一郎さん(元首相)
・明石家さんまさん、中田敦彦さん
・豊田章男さん（トヨタ自動車 代表取締役会長)、など。

サービス精神が旺盛なタイプでもあり、会話もギリギリを攻めてきます。

小泉さんは、「自民党をぶっ壊す」と言い、

中田敦彦さんは「芸能界のドンになる」と言い、

豊田章男さんは、どうして自動車が好きになったのか？　という取材に対し、

「当時は、デートの必需品で、密室が必要だった」と答える。
想像を超える回答が返ってくるのもこのタイプ。

常に彼らは、こう考えています。
「インパクトが必要」と。
なので、周囲からすると、その時々でコロコロ変わっているようにも感じるわけです。

話半分で聞くのが、賢い選択

相性を合わせるコツとしては、どのタイプもそうであるように、まずそのタイプの人たちが何を一番大事にしているかを理解することです。
感覚タイプが大事にするのは、
・やるからには、与える「インパクト(影響)」が大事
・自分や自分たちが「話題になるか」や「注目されるか」にこだわる
といったこと。

一方で苦手なことが、

・「淡々」と説明を受けるような会話（退屈になる）
・「反応」の薄い対応（サービス精神を反故にされている感覚になる）
・「人の話」をじっと聞くこと　など。

ゆえに、このタイプに対する対処法としては、次の点。

・相手の話に関心を持って聞く（どうして？　それで？）
・相手を説得する際は「話題性」「新しさ」をウリにする
・話半分で聞いてＯＫ（そのくらいの方が適正）

このあたりに留意をしておくと、このタイプにも、対応しやすくなります。

私の後輩にこのタイプの経営者がいます。
「伊庭さん、管理職の研修をお願いします。管理職の強化が必要なんです。研修の後、うちの管理職と懇親会をしませんか？」と声をかけてもらいました。

その後、話は二転三転し、管理職研修から、営業研修に変わっていました。

そして、当日。研修が終わった後、「懇親会があるかも」と、念のために時間を空けておきましたが、「伊庭さん、ありがとうございました。また、お願いします！」と懇親会をすることはなく、解散しました。

でも、まったく、ストレスはありません。

そうなるだろうな、と「話半分」で捉えていたからです。

そういう私も、このタイプなので、理解できますし、また自分自身が気をつけないといけないな、と気を引き締めています。

POINT

むしろ、話半分で聞く方がいい会話もある

結論を早めにもらうべき時

考えが変わる前に……

「感覚タイプ」は合理性より、自分の感覚で決めます。

たとえば、営業先のお客様がこのタイプであれば、即決で決めることも少なくありません。「これ、いい!」と心の中で、納得しているからです。

ところが、「これ、いい!」と思っていたはずなのに、翌週になるとボルテージが下がっていることはよくあること。


このタイプに、やってはいけないことがあります。

「返事をもらうのを先延ばし」することです。

「いや、よく考えたら、今ではなかったので……」と状況が変わってしまうからです。

なので、営業でも、このタイプには必ず早めにクロージングをかける、といったセオリーがあるくらい。

「これ、いい！」と、お客様が思っているのであれば、「今後のことを考え、リスクがないようなら、すぐにお決めになられるのはいかがですか？」と背中を押すことも大事なのです。

むろん、上司がこのタイプなら、何かしらの決裁や協力を取りつける時も一緒。その場で約束をし、さらにはスケジュールを決めておくことが肝心です。さもないと、話がまとまらなくなります。

私自身が、感覚タイプなので、このタイプの気持ちを代弁しますね。研修会社を設立して2年目の時でした。まだ、軌道に乗る前です。わかりやすい競合優位性が欲しいと思っていた私は、サーベイ（研修効果の診断）を取ることを付加価値にしようと、あるシステムを開発するために投資をしました。まだ2年目でしたので、その時の私からすると、大きな出費です。

そして、数か月後、満を持して、そのシステムをリリースすることになったのですが、そのシステムを使ったのは、わずか数回だけ。

次第に案内することすらもやめました。

「なんか、違う」

それが理由です。

いざ、稼働してわかったのですが、なんとなく「違和感があるな……」と思い、すぐに利用中止を決定しました。

ここから、さらに「感覚タイプ」にしかない感覚を言いますね。

「もったいなかったけど、まあ、今がもっと良い状況になっているので、ま、いいか。早く着手して、ダメだと思ったら、早くやめる。なので、今回の件もＯＫ」

と考えているので、後悔をしていません。

それで良いと思っています。

でも、だからこそ、考えていることはあります。

「ダメだった場合でも、将来の笑い話やネタにできる程度にしておかねばならない。シミュレーションを行い、ギャンブルのような選択をしてはいけない」と。

あえて、待ったほうがいいことも

一方、相手が「感覚タイプ」の場合、待った方がいいこともあります。

翌週には「いや、違うな……」となるのも、このタイプ。

私の上司に、このタイプの人がいました。

「伊庭君、君の担当企業が、インドネシアに大きな工場を作るという記事が出ていた。すぐに役員にアポイントをとってくれ。営業に同行するから」と。

でも、その時、私が担当していたのは、国内のアルバイト募集の情報誌でしたので、インドネシアの方の仕事には対応できないのです。でも、上司は言います。

「常識で考えるな！　先方の話を聞けば、何かあるかもしれないだろ」と。

すぐ動くふりをしながら、１週間、寝かせることにしました。

１週間後、上司に切り出しました。

「実は、色々と考えていました。本当に動くべきでしょうか。優先順位を考えると、かえって手間が増えるかもと思い……」と。

上司は、言います。

「確かに……。様子を見ようか。伊庭君に任せるよ」と。

このような芸当を覚えると、振り回されることが、グンと減ります。

POINT

感覚タイプは、一見すると理屈が通っているように見えても、実のところ直感的な感覚で動いている

寡黙な人の〝すごみ〟を知る

□「寡黙」＝「おとなしい」ではない

相性マトリクスの左上は、「理屈タイプ」でした。

思慮深く、理屈を大事にするのが、このタイプの特徴。

印象としては、あまり表情が出ず、言葉も少ないので、寡黙な印象を与えます。

口癖は「理屈で考えるとおかしい」「そもそも前提が揃っていない」、など。

周囲に流されず、自分の理屈や正義を押し通す傾向が見られます。

理屈で考えるので、**周囲からは、テコでも動かない、そんな頑固さを感じることが多いのもこのタイプ。**

有名人だと、

・石破 茂さん（政治家）

・タモリさん

・稲盛和夫さん（京セラ創業者）、など。

私が新人だった時の上司がこのタイプでした。

寡黙で思慮深く、普段は温厚な人格者なのですが、筋が通らないことには、相手が誰であっても必ず異論を示すすごみがありました。

その組織は、営業組織でしたので、目標の達成が、最優先事項。

今では、ありえないのですが、平成初期の話だと思って聞いてくださいね。

その部署の一部で、目標を達成するために、契約を前に倒す（前に持ってくる）お願いをお客様にし始めたのです。

そうすると目標は達成できますが、お客様のためになっておらず、さらには売上の先食いでしかないことから、冷静に考えるとよくない判断です。

その上司は、激昂します。

「お客様を軽んじるな！　ありえない！」と叱り倒したのです。

結果として、営業目標は、「正しい未達成」となったのでした。

「結果」よりも「正しさ」を優先するのがこのタイプなのです。

この「理屈タイプ」の、寡黙で物静かな表情の裏には、譲れない一貫性があることを忘れてはいけないことがわかるでしょう。

□「些細なこと」ほど、大事にする

このタイプは些細なことにもこだわります。

以前に、自分が言ったことにもこだわりますし、相手が言ったことにもこだわります。また、仕事の進め方も非常に丁寧で、ヌケモレなく確認をします。

また、人としての道理、自分が信じている教義、そのような指針に照らし合わせて、自分の判断を決める人もいます。

まず、このタイプと相性を合わせるコツとしては、丁寧に対応する、これに尽きます。

理屈タイプが大事にするのは、

・「約束したこと」「決めたこと」

・「ルールや規律」「道徳や教義のような教え」（＝あるべき「正しさ」）

・「事実」「データ」にこだわる、といったこと。

一方で苦手なことが、

・「ノリ」で済ませる会話（その場しのぎの会話についていけない）

・「結論」を急かされること（いろいろな観点で検証したい）

・「事実」がわからない状況での判断（ムダなリスクをとりたくない）など。

ゆえに、このタイプに対する対処法としては、次の点。

・**まず、相手が大事にしている理屈を確認する**

・**急かさない（考える時間を与える）**

・**なにより、丁寧な確認。丁寧な報・連・相**

このあたりに留意をしておくと、苦手な人がこのタイプの場合でも、対応しやすくなります。

このタイプに対し、特に「感覚タイプ」の人は注意が必要です。このタイプから見ると、筋が通っていないように見え、仕事の進め方が雑に感じてしまうからです。

私がこのタイプと接する際は、「かなり丁寧」に、「急かすことなく」、相手の「納得感を確認」しながら、進めるようにしています。

POINT

寡黙な人に対しては、丁寧に進めることが大事になる

「いい人」だからこそ、注意が必要

□なかなか、決められない理由

人と争うことが苦手で、「みんなの意見や気持ちを優先する」ことを判断の基準にしているのが、この「迎合タイプ」。

ひとりで決めることをあまり好まず、みんなが納得することがもっとも大切だと考えています。

「みんなはどう思っているのかな？」と周囲に意見を求めたり、厳しい判断を下す際、「それって、かわいそうでは？」と表情を曇らせることも。

加えて、「またお返事しますね」「確かにそうですよね」と、ポジティブな言葉で反応するので、前向きに動いてくれるのかと思いきや、実は前向きではなかった、ということも少なくありません。

実は、これも気遣い。相手への気遣いから、はっきり意見するのが苦手なのです。

ゆえに、周囲から見ると「決断力がない」「はっきりと意見を言ってほしい」と非難をされることもあります。

また、このタイプは、周囲からの人望が厚い人が多く、人の気持ちをとても大切にしてくれます。思いやりのある人が多いのが特徴です。

加えて、奉仕の心が強く、誰かのために、労を惜しまずサポートするのも、このタイプの特徴です。

有名人だと、

・西川きよしさん（芸能人、元政治家）
・HIKAKINさん（ユーチューバー）

・宗次徳二《むねつぐとくじ》さん（カレーハウスＣｏＣｏ壱番屋 創業者）、など。

もちろん、ここに紹介した方々が、優柔不断ということではありません。
しかし、自分本位でどんどん決めることはしないでしょう。
「自分のことより、相手のこと」を優先する方々です。
この考え方こそが、人を引きつけ、人を魅了しているのです。

□相手の発言をう呑みにしない感覚が大事

まずこのタイプの人たちが何を一番大事にしているかを理解しておきましょう。
このタイプが大事にするのは、
・「みんなの気持ち」「みんなの納得感」
・「おだやか」な関係
・「勝利」より「気持ち」を大事にする、といったこと。

一方で苦手なことが、

・「独断」で決める
・「厳しい」判断をする
・「叱る」行為

ゆえに、このタイプに対する対処法としては、次の点。

・**穏やかに会話をする**
・**周囲のコンセンサス（気遣い）を尊重する**
・**時には、相談に乗る**
・**あえて、このタイプの発言をう吞みにしない**
（「前向きに考えておく」等、が断り文句の場合もある）

営業時代、こんなことが、ありました。
ある得意先に上司と訪問した時のことです。
相手は、人事の役員。こちらは、私と上司の2名。

その時は、普通に会話をして、商談は終了。

その帰り道のことでした。

相手の役員から電話がかかってきたのです。


「伊庭さん、今日はありがとうね。あんな対応でよかった？」と。

まさに気遣いの人だな、と感心をしてるわけにはいきません。

きっと何か、言いたいのでは？と想像することが、このタイプと接する上では重要。

そこで、こう尋ね返しました。

「何か気になっていらっしゃることがあれば、何なりとおっしゃってください」と伝えてみたのが正解でした。


「え、いや……、誤解しないでね。なんというか、僕がうまく対応できないので、伊庭さんの上司に申し訳ないと思って……。今度から、伊庭さんだけで来てもらったほうが迷惑をかけないのでは、と思ってね」

早い話が、「上司を連れてこないで」というリクエストだったわけです。

確かに、私の上司は、ドライな印象のある「独裁タイプ」でした。

上司からの質問も、この役員にとっては、圧が強かったようにも見えました。

「今後の課題は何ですか？」

「かしこまりました。だからこそ、伺っていいですか。来期の投資テーマは何ですか？」

「そのKSF（成功に向けた重要要素）は何に置いていらっしゃるのですか？」

そんなストレートな質問を投げかけ続けていたのです。

もう少し、打ち解けるような雑談があった方がいいな、と感じていました。

迎合タイプは人間関係を重視します。

仕事以外のとりとめのない雑談なども大事なのです。

雑談を楽しみながら人間関係を築いていけば、「あの人はいい人だから、お願いしよう」という前向きな流れに持ち込みやすくなるもの。

一方で、仕事の話ばかりを推し進めると、「あの人はちょっと冷たそうだから、やめておこうかな」ということにもなりかねません。

また、言葉を額面通りに受け取らないことも大事。

迎合タイプの人とコミュニケーションを取る時は、「その言葉の裏」に何か思っていることはないか、と気持ちに関心を寄せることも必要なのです。

POINT

言葉を額面通りに受け取らないことも大事。相手の「気持ち」を想像しよう

イニシアチブを取るためのテクニック

□「決めてあげる」ことで喜ばれる

ひとりで決めることが苦手な迎合タイプには、「もしよかったら、この方向へ進めるのはどうでしょう？　一緒にやりますので」などと言って、イニシアチブを取って背中を押してあげる流れにすれば、決めてもらいやすくなります。

たとえば、何かのミーティングで迎合タイプの課長が、「企画にはみんなの意見を盛り込みたい」と言い出したとします。

しかし、参加者が多いと、一人ひとりの意見を聞き出してまとめるのは手間ばかり増えてひと苦労です。

こういう時は、まず迎合タイプの人の意見を否定しないようにします。

心の中では「みんなの意見を盛り込むなんて無理だろう」とイライラしていても、「それは違うんじゃないですか？」などの否定の言葉は禁句。

いったんは受け入れるのです。

それから、さりげなくイニシアチブをとるようにしていきます。

それほど、難しくはありません。

次のように会話を進めるといいでしょう。

・まず、ミーティングのように複数の参加者がいる場合、みんなの意見を聞く

・その上で、論点を整理する（「大事な点は○○ということですね」）

・対策を提案する（「この方向で進めませんか？」）

このように、決めてあげることも、「迎合タイプ」には喜ばれるテクニック。
大事なことは、「一緒に頑張りましょう」という姿勢。
彼らにとって、何より重要なことは役割意識ではなく、仲間意識なのです。

POINT

さりげなくイニシアチブを取って、決断できるように背中を押す

第5章

人間関係のストライクゾーンの広げ方

～「理解」できなくてもいい。ただ、「否定」をしない～

苦手な人でも、10回会えば打ち解けられる

10回までは会うだけで好感度が上がっていく

まだ数回しか会ったことがない人でも、「この人、苦手だなぁ」と思う相手はいるものです。とはいえ、**関係を断ち切るわけにはいかない。そういう時、試してほしいのが「単純接触効果」**です。

これは「苦手な人でも10回会えば打ち解けられる」というもので、人間関係のストライクゾーンを広げるにはもってこいの方法です。

1968年にアメリカの心理学者ロバート・ザイアンス氏が提唱したので「ザイアンス効果」とも呼ばれますが、元々興味がなかった人物でも、繰り返し接すると好感

度が高まるという心理的現象です。

これによると、**10回までは接触回数が増えれば増えるほど、相手に対する好感度は高くなります。**ただし、10回を超えると好感度は高止まりのまま変わらなくなるので、「うわ、苦手なタイプだ」と思ったとしても、10回までは我慢して会ってみるといいでしょう。

□とにかくコミュニケーションを避けない

以前、私に対してやたらと当たりがきつい後輩がいました。

あまり口をきかないし、話せば話したで、攻撃的な言い方をしてくるのです。

時には「伊庭さんって適当に仕事してますよね」と失礼なことを言うような奴。

「なんだかやりにくい奴だな」というのが最初の印象でした。

それでも、私のほうから「メシでも行こうか」「一緒に帰ろうか」と声をかけ続けました。こちらからかなり歩み寄っていたと思います。

数か月が経った頃、プライベートな話をしてくれるようになりました。

すると、そこからは「伊庭さん、こうしようと思うんですけど、どう思いますか？」など、相談してくれるようになったのです。

これも、営業で培った、相手が警戒していようが、嫌っていようが、必要なら「コミュニケーションを避けない」という自分なりのルールを守っただけです。

コミュニケーションを避けたら、そこでゲームオーバーです。

これは、本当にその通り。自信を持って言えます。

でも、世の中は、コミュニケーションを避けてしまうことで、誤解が生まれ、関係がこじれることは、よくあることではないでしょうか。

「多分、こう思っている」「おそらく、そうに違いない」、そんな憶測で、相手を見ると、上手くいくものも上手くいきません。

関係をこじらせてもいい相手には、そこまでする必要はないでしょうが、仕事、友人、家族、親類などの場合はそういうわけにはいかない関係もあります。

別に気合や根性は要りません。「会ってくれ！」とお願いもしません。

ただ、こちらから避けることをしないだけです。

それだけのことで、ほぼすべてが上手くいくはずです。

□部分的に〝いいところ〟探しをする

とはいえ、そもそも苦手な相手なので、会うたびに嫌いになってしまう可能性もあります。その人をさらに嫌いになるのは避けたいので、**その人の「いいところ探し」をするイメージで会うことをおすすめします。**

コツは、「全体を認めるのではなく、部分的に認める」ということです。

ある部分を認めた会話をすると、相手も安心してくれます。

たとえば、前述の後輩はすごく愚直に仕事をこなす人でした。

失礼なことを言ってくることもありますが、誰よりもストイックにコツコツと頑張っているので、「こういうところはすごいな」と、私も認めていました。

全体で見るとクセがある人でも、部分的に見ると「あの人、あんなふうに見えても、こういういいところがある」となるわけです。

相手を認めていることは発言や態度にも表れますので、それが相手に伝わります。

こちらから関心を持つと、相手も必ず関心を持ってくれます。

むろん、複雑な事情がからむ恋愛など、すべてのことには当てはまりませんが、日常における人間関係であれば、間違いなく効果があります。

POINT

相手の〝いいところ〟を見ながら
まずは10回会ってみる

「対立」した時は、抽象度を上げる

「ゴール」は一緒、「登り方」が違うだけ

相手と意見が合わない時は、「抽象度を上げる」という方法があります。

政治に明るい私の知人はこう言っていました。

「右翼も左翼も、360度グルッと回れば、同じ場所。すべては平和のため」

なるほど！　と膝を打ったものです。


この考えは、日常でも使えるので、取り入れたい思考術です。

極端な言い方をすると、抽象度を上げていけば、どんな対立も全部一緒になってし

まい、「大きく見ると変わらない」ということです。


私の経験をお話ししますね。

以前のことですが、本当に苦手な先輩がいました。

その先輩は、自分が思い通りにならないと、すぐにキレる人でした。

同じプロジェクトメンバーだった時、彼は会議にあまり参加していませんでした。

「伊庭ちゃんに任せるよ」と言い、ほとんど欠席。

効率の悪いことは、ことごとくやらない人でした。

次第に、私は彼の姿勢に疑問を感じ、会議内容を共有しないようになりました。

ある時のことです。彼が、私にキレ始めたのです。


「なんで、共有しないんだ！　それはルール違反だろ！

俺が聞いていないことが多すぎるじゃん。何か、企んでる？」と。

さすがに、こちらが折れてはいけないと思い、その時は、ちょっとした言い合いになりました。

しかし、10分後、彼のこんなセリフで、決着しました。

「伊庭ちゃんと俺は、似ているんだよ。
効率的に結果を出したい人でしょ。ムダなことはしたくないでしょう。
残業せず、最高の結果出したい人でしょ。だったら、目指す方向は一緒じゃん」

その言葉に腹が立ちましたが、一方で「確かに」とも思ったところがありました。

「確かに、山の登り方は違うけど、ゴールは一緒だな」と。

ただ、「山の登り方」がズルいように見えたので、私が彼を許せなかったという構図だったわけなのです。

このことがわかったおかげで、この先輩を好きになるということはありませんでしたが、嫌いになることもありませんでした。

ことあるごとに……

「右翼も左翼も、360度グルッと回れば、同じ場所。すべては平和のため」相手と意見が合わない時は、「抽象度を上げるべき」、と先ほど言いました。この先輩との顛末《てんまつ》もまさに同じです。

私は、この件があってから、考え方で対立する時は、ことあるごとに、**「ゴールは同じ。山の登り方が違うだけ」**をセルフトークとして心でつぶやくようになりました。

すると、状況を俯瞰《ふかん》できる余裕が生まれます。

あなたの身の回りでも考えてみてください。

ほとんどの場合、「ゴールは同じ。山の登り方が違うだけ」ではないでしょうか。

もし、そう思えないなら、さらに抽象度を上げてみてください。

・キツい言い方をするワンマン上司の「ゴール」は、みんなの成果を上げることで、処遇を上げるためかもしれません。
・よく耳にする嫁姑問題もそう。姑が「細かい指示」をするのも、家族が幸せに暮らすためかもしれません。

対立した時こそ、**「ゴールは同じ。山の登り方が違うだけ」の視点で**状況を俯瞰してみてください。

あるレベルで、確実に「ゴールが一緒」になるはずです。

そして、あなたの他人に対するキャパシティがグッと広がるはずです。

POINT

抽象度を上げて相手と視点を合わせてから
もっとも大事なことは何か考えてみよう

「入れ墨」を入れた恐そうな人……

□ 先入観を持たないことの大切さ

先入観を持つことほど、人を分断するものはないと思うのです。

先入観を持たないようにするのも、人に対するキャパシティを広げるカギになります。

私が反省した例です。

息子がまだ小さかった頃、近所の銭湯に行った時のこと。

「入れ墨」を入れた男性がいました。

面倒なことになるのは嫌です。

なので、息子に「あまり、あのおっちゃんには近づかないように。あれは入れ墨といってね……」、と社会勉強のように教えました。

ですが、息子は親の言うことなんて聞きません。

洗い場を走り回ります。

滑って転びかけたその時でした。

転びそうになった息子の腕をつかんで、助けてくれたのです。

「ボク、危なかったな、大丈夫か？」と。

その助けてくれたおじさんの腕には、

「えみ子、命」と彫り物が入っていました。

あれから20年以上が経ちますが、今でも、その「えみ子、命」のおじさんは、伊庭家の恩人として、記憶されています。

加えて、先入観で人を見てはいけない、という教訓にもなっています。

□異質のものを警戒しない

その後、分かったことですが、銭湯に来る人で入れ墨をしている人は多く、話を聞くときちんと仕事をされている方も多いことを知りました。恥ずかしい限りです。入れ墨だけではありません。

自分とは異なる要素に対し、人は警戒するものです。

これは本能と言ってもいいでしょう。

たとえば、転校生の方言が違うと、それもいじめの対象になりやすいと聞きます。

これらは、まさに「異質」なものへの警戒心から来るもの。

とはいえ、本能だからといって、異質の要素を持つ人に対し、ただ警戒心ばかりを持つようでは、良好な人間関係を築けません。

そんな時こそ大事なのは、やはりコミュニケーションを避けないことです。

コミュニケーションを避けなければ、必ず「良い面」「共通点」が見えてくるものです。

理解できなくてもいい

でも、どうしても理解できない、ということもあるでしょう。
なんでもかんでも、理解をする必要はありません。
理解できなくてもいいので、否定をしないこと。これでいいのです。

私自身、入れ墨を入れる心理は、理解できません。
銭湯には行けても、スーパー銭湯には行けない、
ゴルフの後、浴場に入れない。
そんなことを考えると、今の自分の環境ではメリットがわからないからです。
でも、否定はしません。人、それぞれだと思うからです。

そういう私は、入れ墨を入れていませんが、50歳を超えてYouTubeで週に4回も配信しています。かなり、変わったおじさんだと思います。

これを「変わった人」と思われるぶんには構いませんが、それを否定されると、さすがに悲しいです。

自分が理解できるものは受け入れる。理解できないものは、否定する。

そんな考え方は、傲慢すぎるでしょう。

無理して理解をしなくてもいいのです。

否定さえしなければ。

POINT

理解はできなくていい。否定さえしなければ

「話が通じないな……」と思った時

□人には能力の差がある

ちょっと嫌な話になるかもしれません。

あなたのまわりに、いくら説明をしても、わかってくれない人はいないでしょうか。感情で納得できないと反発する、そんな人。

以前、私もそう思うことはよくありました。

ちょっと、嫌な表現ですが、**「能力には差がある」と考える**ことも、意外と大事なことだと何度も気づかされました。

いろいろと例を挙げてきましたが、求人広告の営業先にはいろいろな人がいました。

「おちょくる人」「豹変する人」、それだけではありません。

中には、「応募が少なかったので、お金を払わない」「面接には来たけど、採用できなかったのでお金を払わない」、そんな筋の通らないクレームをつける人もいました。

わかってもらおうと、たとえ話で「うどんを食べて、美味しくないからといって、代金を払わない、なんてことはないですよね」と言った時、こう答える人もいました。

「俺は、払わない！」と。

こんな感じで、筋が通らないゴネ方をする人をたくさん見てきました。

このようなタチの悪いクレームでゴネる担当者には、その後は営業をしてはいけない、という内規のルールがありました。でも、お金を払ってもらわなければなりません。いわゆる、取り立てです。

このような事態をクリアするたびに学習したことがありました。

「同じ土俵で戦ってはいけない」ということです。

□これは、魔法か……？

それでも、解決できない時はありました。

そんな時は上司に協力を仰ぐのですが、「本当に、それで解決するの？」という不思議なシーンを何度も見たものです。

ある喫茶チェーンの社長も、〝ややこしい人〟でした。

私の力では、なんともできず、上司に取り立てをしてもらうことにしました。


「金は払わないぞ」

「そうですか、それは困りましたね……。

あれ、社長、ゴルフされているんですか？　そのクラブ、私が欲しいやつです」

「ゴルフ、やるのか？」

「はい。ところで、あの試合観ました？」

「見たよ」

そんな雑談を始めること10分。

「そうそう社長、お金の話をしていいですか？」

「いくらだっけ？　今月の末に振り込む流れでもいい？」

こんな感じで、なぜか解決するのです。

その上司はこう言っていました。

「世の中には、理屈が通じない人も多いんだよ。

同じ土俵で戦っては、平行線をたどることになる。

なので、まずは〝やさしく〟話を聞くことが大事なんだ」

刑事ドラマの、「どうだ、カツ丼でも食うか」と犯人に自白させるような構図を、上司のセリフから感じたものです。

□まずは、聞く

会社員をしていると、理屈（契約やルール、常識）で人を動かせるものと思いがちですが、そうでない人も世の中にはたくさんいます。

人を動かすのは「理屈」でなく、「感情」。

この法則は、絶対に知っておいたほうがいいでしょう。

理屈が通じない相手に対してこそ、聞き役に徹することをお勧めします。

あなたが、言いたいことは、さんざん聞いた後に伝えるのです。

大事なことは、「理解はできずとも、受け止める」、です。

POINT

理屈が通じない人こそ、まずは〝やさしく〟話を聞く

「人を見定める」ことも大事

□ストライクゾーンの「外」にいる人

人間関係のキャパシティを広げるのは、人に対するストライクゾーンを広げることにほかなりません。

しかし、いたずらにストライクゾーンを広げると、やけどをすることも出てきます。距離を取るべき人、つまり「ボール球」として見逃さないといけない人（関わるべきでない人）もいるのです。

その「ボール球人材（関わってはいけない人）」を見極めて、つき合うべき人を正しく見極める目を持つことも、生きていく上では重要なスキルでしょう。

その見送るべき、代表例は、「ズルい人」です。

私見ですが、「ズルい人」の性根は、そう簡単に直らないように感じています。自分のことをズルいと理解できていないからです。

以前、こんなことがありました。

私の母が、友人の娘さんから「この書類にサインだけ欲しい」と軽くお願いされたそうなのです。内容は保険に関する書類だったと記憶しています。

「名前を借りるだけなので」、そんな軽いトーンだったそうです。

しかし、母は「何かがおかしい……」と思い、その依頼を断ったそうです。

後から分かったことですが、サインをしていたら詐欺に加担しかねない話だったのです。ズルい人は、「大丈夫、○○だけだから」という言葉で迫ってきますので、注意が必要。私もこの「大丈夫、○○だけだから」については、すべて断ってます。

まだあります。**「お金に汚い人」です。**

飲みに行く時、「持ち金がない。すぐ返すから、貸してもらっていい？」と気軽に言うような人。コンビニに行けばお金を引き出せるはずです。それすらもせず、借りてでも飲みに行くのは、お金にルーズな証拠です。

そういう場合は、「コンビニ、そこにあるよ」とあえて言うようにしています。

「お金に汚い人」を何人も見てきましたが、何割かの人は、それが原因でトラブルを引き起こしています。

「消費者金融の借金が増えてしまっており、そのお金を恋人から借りる」

「営業職の人が架空契約をし、歩合給を多くもらったことが後に発覚」といったことです。

私は、お金にルーズな人とは、距離を置くようにしています。


最後は、「口裏を合わせて欲しい」という人です。

今まで2件ありました。

「伊庭さん、悪いけど、伊庭さんが忘れたことにしてくれない」と。

1件目は、もう10年以上前のこと。

どうやら担当者が、私に研修を依頼するはずだったのですが、うっかり忘れてしまっていたそうなのです。このままでは上司に叱られるので、そのようなお願いをされたわけです。

2件目も同様です。私に連絡をするのを忘れたことから、「伊庭氏の予定が埋まっており」と虚偽のレポートを書いてしまったというのです。

むろん、1件目も2件目も断りました。

わざわざ、その上司に弁明の連絡はしませんでしたが、距離を置き、研修を引き受けないようにしています。つき合うリスクがあるからにほかなりません。

人へのキャパシティを広げるのは、「対応力」であり、善悪のキャパシティではありません。

あなたなりに「つき合ってはいけない人」の基準を持っておくといいでしょう。

□人を信じるために、基準を明確に

実は、このように「つき合ってはいけない人」の基準を自分で持っておくと、人へのキャパシティを広げやすくなります。

「キレやすい人」「時間にルーズな人」「マウントをとってくる人」、など苦手な人がいたとしても、「つき合ってはいけない」の範疇に入るかどうかで判断ができるようになるからです。

今では名経営者として名を馳《は》せていますが、その昔は暴走族のリーダーをしていた異色の経歴を持つ、ある海千山千の経営者の話です。

その会社は、社員の過去を一切問わず、「やる気」を重視する採用方針。

そんな人情に厚い社長なのですが、こう言うのです。

「人を性悪説で見ないといけないこともある。ボクは、複数の消費者金融で借金をしている奴についてはあえて採用しないようにしている」と。

人を信じるためには、「つき合ってはいけない人」の基準を明確にすることも、この社長から学びました。

POINT

人を信じるためにも、「つき合ってはいけない人」の基準を明確にする

おわりに

最後まで読んでいただき、ありがとうございました。
最後に、私が思っていることを少しだけお伝えさせてください。

私は、コミュニケーションがすべてを癒す、と考えています。
でも、人はそんなに理性だけで動けるものではありませんよね。
話すのも嫌、という感情に勝てないこともあるでしょう。

そんな時こそ、この本を思い出していただきたいのです。
この本には、「苦手な人」をフラットに見る方法をはじめ、コミュニーションの一歩を踏み出す方法をいくつも紹介しています。

コミュニケーションを避けなければ、きっと悪いようにはなりません。

言い過ぎかもしれませんが、戦争すらもなくせるのではないか、と信じています。

人生、まちがいなく、「苦手な人」は現れ続けます。

時には、昨日まで「好きだった人」が、今日から苦手になることもあるでしょう。

でも、あなたは、この本で、学びました。

その問題が「相手」にあるとは言い切れないことを。

そして、あなたは気づいていないかもしれませんが、今のあなたは、もはやこの本を読む前のあなたではありません。

相手を理解し、受け止めるチカラが、格段に上がっているはずです。

このスキルを活かしてください。

あなたの人生、間違いなく、上手くいくはずです。

株式会社らしさラボ　代表取締役　伊庭正康

伊庭 正康（いば まさやす）

株式会社らしさラボ 代表取締役。リクルートグループ入社後、法人営業職として従事。プレーヤー部門とマネージャー部門の両部門で年間全国トップ表彰4回を受賞。累計40回以上の社内表彰を受け、営業部長、社内ベンチャーの代表取締役を歴任。
2011年、研修会社である株式会社らしさラボを設立。リーディングカンパニーを中心に年間200回を超えるセッション（リーダー研修、営業研修、コーチング、講演）を行っている。実践的なプログラムが好評で、リピート率は9割を超え、その活動は『日本経済新聞』『日経ビジネス』『The21』など多数のメディアで紹介されている。Webラーニング「Udemy」でも、時間管理、リーダーシップ、営業スキルなどの講座を提供し、ベストセラーコンテンツとなっている。

■無料メールセミナー（メルマガ）：「らしさラボ無料メールセミナー」
YouTube：「研修トレーナー伊庭正康のスキルアップチャンネル」（登録者19万人超）
Voicy：「1日5分　スキルUPラジオ」も好評配信中

苦手な人と上手につきあう技術

2024年12月25日　第1刷発行

著　者　伊庭正康
発行人　松井謙介
編集人　廣瀬有二
企画編集　福田祐一郎
発行所　株式会社　ワン・パブリッシング
〒105-0003　東京都港区西新橋2-23-1
印刷所　日経印刷株式会社

●この本に関する各種お問い合わせ先
本の内容については、下記サイトのお問い合わせフォームよりお願いします。
https://one-publishing.co.jp/contact
不良品（落丁、乱丁）については　Tel 0570-092555
業務センター　〒354-0045　埼玉県入間郡三芳町上富279-1
在庫・注文については書店専用受注センター　Tel 0570-000346

ワン・パブリッシングの書籍・雑誌についての新刊情報・詳細情報は、下記をご覧ください。
https://one-publishing.co.jp/
